Jürgen Jensen

Afrikaner in Europa – Eine Bibliographie
Africans in Europe – A Bibliography
Africains en Europe – Une Bibliographie

Interethnische Beziehungen und Kulturwandel

Ethnologische Beiträge zu soziokultureller Dynamik

herausgegeben von
Prof. Dr. Jürgen Jensen, Universität Hamburg

Band 51

LIT

Jürgen Jensen

Afrikaner in Europa – Eine Bibliographie
Africans in Europe – A Bibliography
Africains en Europe – Une Bibliographie

LIT

Gedruckt auf alterungsbeständigem Werkdruckpapier entsprechend
ANSI Z3948 DIN ISO 9706

Gedruckt mit Unterstützung der Deutschen Forschungsgemeinschaft

Bibliografische Information Der Deutschen Bibliothek
Die Deutsche Bibliothek verzeichnet diese Publikation in der Deutschen
Nationalbibliografie; detaillierte bibliografische Daten sind im Internet
über http://dnb.ddb.de abrufbar.

© LIT VERLAG Münster – Hamburg – London 2002
Grevener Str./Fresnostr. 2 48159 Münster
Tel. 0251–23 50 91 Fax 0251–23 19 72
e-Mail: lit@lit-verlag.de http://www.lit-verlag.de

Inhaltsverzeichnis- Content- table des matières

Inhaltsverzeichnis- Content- table des matières	V
Einleitung- Introduction- introduction	VII
Bibliographie - Bibliography- bibliographie	3
Zeitschriften - Journals – journals	101
Register- Index- index	105

Einleitung

In der letzten Zeit - seit etwa 20 - 25 Jahren - hat die Anwesenheit von Afrikanern heute und in der Vergangenheit in Europa erhöhte Aufmerksamkeit in der Forschung gefunden. Sicherlich angeregt durch die unübersehbar verstärkte Migration von Menschen aus afrikanischen Ländern nach Europa und Reaktionen darauf in Politik und Öffentlichkeit haben Ethnologen, Soziologen, Historiker, Geographen u.a. sich diesbezüglichen Themen zugewandt. Auch Theorieorientierungen zu Globalisierung, global ethnoscapes, transnationalen Beziehungen, transkontinentalen Migrationen, pluralen bzw. multiethnischen Verhältnissen usw., die ein übergreifendes generelles Interesse an komplexen, grenzüberschreitenden Phänomenen beinhalten, haben zweifellos auch das Interesse an dem spezifischen, hier thematisierten Gegenstandsfeld gefördert und sie liefern zugleich analytische Kategorien für das letztere. Einerseits gibt es eine ganze Reihe von abgeschlossenen und laufenden Forschungsvorhaben zu dem Thema mit bereits vielerlei bedeutsamen Resultaten. Andererseits jedoch tun sich bei einer kritischen Sichtung solcher Resultate viele weite, erst in Umrissen erkennbare, noch unbeachtete Problemfelder auf. Wie häufig bei relativ neuerschlossenen Forschungsgebieten ist die einschlägige Literatur jedoch sehr verstreut, was einen Überblick über den Forschungsstand sehr erschwert.

In dieser Situation will die vorliegende Bibliographie eine Orientierungshilfe bieten. Bei den Recherchen zur Erstellung der Bibliographie zeigte sich, daß es doch bereits mehr Literatur dazu gibt, als zunächst vermutet, und so dürfte es manchem Forschern zu der Thematik gehen. Es wurden Titel zu Afrikanern, die irgendwie nach Europa gelangt sind, aus grundsätzlich allen afrikanischen Gebieten berücksichtigt, also von Menschen aus Afrika südlich der Sahara, Nordafrika und der Inselwelt rund um Afrika. Ebenso wurden alle historischen Perioden berücksichtigt. Die Bibliographie ist nach Autoren geordnet. Zum leichteren Auffinden thematisch zusammengehöriger Titel wurden jedoch Register nach Herkunftsländern in Afrika, Aufenthaltsgebieten in Europa, zeitlichen Perioden und einigen wichtigen Sachkategorien beigefügt.

Sicherlich ist die Bibliographie nicht erschöpfend. Manchmal fehlen einzelne Daten, insbesondere Seitenangaben bei einigen Artikeln, weil die benutzten Quellen solche nicht aufweisen und die Originalpublikationen nicht eingesehen werden konnten. Bei begrenzten Mitteln für die Erstellung der Arbeit mußten solche Mängel in Kauf genommen werden. Angesichts der Dringlichkeit eines solchen Hilfsmittels der Forschung werden Benutzer sie entschuldigen können. Die Arbeit zur Erstellung dieser Bibliographie wurden an der Universität Hamburg im Rahmen des *Sonderforschungsbereiches 520* (Umbrüche in afrikanischen Gesellschaften und ihre Bewältigung) der Deutschen Forschungsgemeinschaft im Projekt A1 (Handlungsstrategien in fremden soziokulturellen Umgebungen) durchgeführt.

Jürgen Jensen

Introduction

In the last time - since 20-25 years - the presence of Africans today and in the past in Europe has found growing attention as a topic of research. Certainly stimulated by the obviously increasing migration of people from African countries to Europe and political as well as popular reactions to it anthropologists, sociologists, historians, geographers etc. have devoted themselves to respective research problems. But also theoretical orientations towards globalization, global ethnoscapes, transnational relations, transcontinental migrations, plural or multiethnic conditions, etc., which contain an overarching general interest in complex and boundary transgressing phenomena, surely have stimulated an interest in the subject, and they offer, at the same time, analytical categories for the research. On the one hand, there is existing already a good number of completed or ongoing research projects on the topic, and there are already many significant results. On the other hand, a critical overview of those results lets appear many only vaguely recognizable, not yet tackled vast problem fields. The literature on the topic is, quite usual with newly opened fields of research, scattered fairly widely. This hampers somewhat an orientation about the development of knowledge.

In this situation the present bibliography wants to offer a help for such an orientation. During the work for the compilation of it there was found, that there existed already more material than it was expected, and probably this is an experience of other researchers. There were taken into account, in principle, titles referring to Africans having come to Europe from all African parts, i.e. Africa south of the Sahara, Northern Africa, and the islands surrounding the continent. In the same manner all historical periods were considered. The bibliography is arranged according to authors. To make easier the search for thematically related titles there were added indexes referring to countries of origin in Africa, areas of residence in Europe, historical periods, and some important systematical categories.

Of course, the bibliography is not exhaustive. Also sometimes there are missing some technical data, i.e. page numbers of some articles, when the sources used did not contain them and when the original publications could not be inspected. According to limits of resources such shortcomings had to be accepted. Because of the urgency of such an aid for future research users hopefully will excuse them.

The work for the production of this bibliography was done at the University of Hamburg in the context of the *Sonderforschungsbereich* 520 (radical changes in African societies and the coping with them) of the German Research Association in the project A1 (strategies of action in foreign socio-cultural surroundings).

Jürgen Jensen

introduction

En dernier temps, c'est-à-dire au cours des dernières 20-25 années, la présence africaine en Europe aujourd'hui et dans le passé a attiré une attention des plus en plus élevée chez les chercheurs. Des nombreux ethnologues, sociologues, historiens, géographes etc. ont commencé de s'intéresser aux thèmes relatifs à ce sujet, certainement animés par la migration grandissant manifestement des hommes venant des pays d'Afrique en Europe et les reáctions du public et des politiciens à ce développement.
Aussi les approches théoriques concernantes la globalisation comme par exemple celle de «global ethnoscapes», des relations transnationales, des migrations transcontinentales, des conditions pluralistes ou multi-éthniques etc., qui contiennent un intérêt général aux phénomènes compléxes qui vont au-delà des frontierès ont laissé sans doute aussi grandir l'intérêt au sujet spécifique et son entourage thématique plus ou moins diréctement lié à lui.
En même temps les approches produissent des catégories analytiques pour la recherche scientifique.
D'un côté, il y a déjà beaucoup de travaux accomplis ou en production à propos de ce sujet qui ménnent aux résultats importants. Mais de l'autre côté, en examinant ces résultats d'un air critique on réalise qu'il y a encore beaucoup plus de problémes qui ne sont pas encore formuler d'une façon claire et à ceux on n'a pas encore fait très attention.
Comme il est souvent le cas quand il s'agit d'un domaine de recherche relativement nouveau, la littérature primaire et très dispérsée, ce qui complique une vue d'ensemble.
Dans cette situation, cette bibliographie veut offrir une aide à l'orientation. En regardant le materiel pour la bibliographie il se montrait qu'il y a déjà plus des titres que présumé.
Il y a certainement beaucoup de chercheurs qui ont fait une expérience pareille.
Des titres concernants des africains de tous les différents pays d'Afrique qui sont arrivés en Europe d'une manière ou l'autre sont considérés, ce qui veut dire d'Afrique du nord, d'Afrique noir et des îles entourants le continent. De même, toutes les différentes époques sont prises en compte. La bibliographie est organisé après des auteurs. Pour faciliter la recherche des titres thématiquement

liées, un index est dressé à la fin du livre considérant les pays d'origine, les pays d'accueil, les époques historiques et certains aspects thématiques.

La bibliographie est certainement pas exhaustive. Quelquefois il manque des détails comme par exemple les indications de page de certains articles, parce que la source utilisée ne les montraient pas ou parce que la publication originale n'était pas disponible. Vue les moyens limitées, ces insuffisances doivent être acceptées.

Face à l'urgence d'un tel outil les lecteurs sont priés à excuser ces manques.

Les travaux nécessaires à la production de l'œuvre étaient effectués à l'Université de Hambourg au sein du *Sonderforschungsbereich* 520 (changements radicaux dans les sociétés africaines et leur assimilation) de l'association des chercheurs allemands au projét A1 (stratégies d'action aux entourages socio-culturels et étrangérs).

Jürgen Jensen

Bibliographie
Bibliography
bibliographie

ABAKARI, Selim B.
1.) *1901*   Meine Reise nach Rußland und Sibirien.
In: Schilderungen der Suaheli von Expeditionen v. Wissmanns, D. Bumillers, Graf v. Götzens und anderer, Aus dem Munde von Suahelinegern gesammelt und übersetzt von Carl Velten. Göttingen.

ABDEDDAIEM, Ali
2.) *1972*   Les divers facteurs de l'émigration tunisienne. Éxtrait de l'étude: Changement social chez les travailleurs tunisiens à Belleville.
In: *Hommes et Migrations*, Doc. No.828

ABDEL BASIT, Ahmed Abdel Gadir
3.) *1967*   Einige politische und soziale Aspekte des Studiums der Afrikaner in der Bundesrepublik Deutschland. Philosophische Fakultät, Universität Freiburg. (Diss.)

ABELA DE LA RIVIÈRE, Marie-Thérèse
4.) *1977*   Les sarakolés et leur émigration vers la France. EHESS, Paris. (Thèse de troisième cycle d'anthropologie).

ABIDOYE, A.
5.) *1976*   The Principles of the Holy Order of Cherubim and Seraphim Church. Manchester.

ABIOLA, O. A.
6.) *1991*   The Work of the Aladura Church in Britain. (Paper given to the conference on 'The African Presence in the UK, Africa Centre). London.

ABRAHAM, William
7.) *1965*   The Life and Times of Anton Wilhelm Amo.
In: *Transactions of the Historical Society of Ghana* 7: 60-81. Legon.

ABULAILA, Yousef
8.) *1981*   Integration und Entfremdung. Eine empirische Studie zur Situation ausländischer Studenten am Beispiel Clausthal- Zellerfeld und Göttingen. Göttingen.

ACHINGER, Gertrud
9.) *1993*   Kuratel und Fürsorge. Studien-und Lebensbedingungen afrikanischer Studierender in Leipzig und Ostberlin vor und nach der Wende.
In: *Auszeit* 28, Jg.31 3/4, Wiesbaden.

ACKAH, William
10.) *1999*   Pan- Africanism: Exploring the Contradictions, Politics, Identity and Development in Africa and the African Diaspora. Aldershot; Ashgate.

ACTON, Harold
11.) *1933*   Pushkin and Peter the Great's Negro.
In: Nancy Cunard (ed.), Negro. New York.

ADAM, H.; P. RIEDESSER; J. WALTER
12.) *1994*   Wenn das Vertrauen zu Menschen verloren geht. Seelische Probleme des Flüchtlingskindes.
In: *Welt des Kindes*, 2: 22-27.

ADAM, H.; P. RIEDESSER; H. RIQUELME; J. WALTER; A. VERDERBER (eds.)
13.) *1995*   Children- War and Persecution. Osnabrück.

ADELMAN, Horward; John SORENSON (eds.)
14.) *1994*   African Refugees. Development Aid and Repatriation. Boulder, Colo.

ADEPOJU, Aderanti
15.) *1991*   South-North Migration: The African Experience. In: *International Migration* 29, 2.
16.) *1995*   The Dynamics of Emigration: Sub-Saharan Africa.
In: Causes of Migration. Proceedings of a Workshop, Luxemburg, Dec. 1994. Eurostat.

ADEPOJU, Aderanti.; T. HAMMAR (eds.)
17.) *1996* International Migration in and from Africa: Dimensions, Challenges and Prospects. Dakar.

ADI, Hakim
18.) *1991* Bandele Omoniyi-A Neglected Nigerian Nationalist.
In: *African Affairs* 90, 361 (1990).
19.) *1994* West African Students in Britain, 1900-60: The Politics of Exile, In: D.Killingray (ed.), Africans in Britain. Illford, Essex: 107-128.
20.) *1998* West Africans in Britain. 1900-1960: Nationalism, Pan-Africanism and Communism. London.

ADJEI, Karin
21.) *1995* Ein solches Kind in Deutschland. Die Geschichte einer weißen Mutter und ihres farbigen Kindes. München.

ADLER,
22.) *1976* "The Organization of Return Migration : A Preliminary Analysis of the Recent Experience of France and Algeria." Document MI/76/3.Paris: OECD
23.) *1977* International Migration and Dependency: The Case of France and Algeria. Farnborough.
24.) *1978* "Cooperation or Coercion?"Algerian Migrant Workers in the German Democratic Republic.
In: *Studi Emigrazione/ Etudes Migrations* 15, 50: 246-61.
25.) *1980* Swallows' Children: Emigration and Development in Algeria. International Labour Office, International Migration for Employment Branch. Geneva.

ADOGAME, Afe
26.) *1998* A Home Away From Home: The Proliferation of the Celestial Church of Christ (CCC) in Diaspora-Europe.
In: *Exchange* 27, 2: 141-160.

AFRICAN BIBLIOGRAPHIC CENTER
27.) *1982* African Refugees: A Guide to Contemporary Information Sources. Washington D.C.

AFRIKAFORUM BREMEN (Hg.)
28.) *1997* Afrika in Bremen. Bremen.

AGBONO-PUNTIGAM, Rebekka
29.) *1995* Warum hast du mich jetzt geküßt? Berlin.

AGENCE DE PROMOTION DES INVESTISSEMENTS (API)
Application pratique des dispositions concernant les travailleurs tunisiens à l'étranger.Tunis.
30.) *1975-76* Réinsertion des travailleurs tunisiens à l'étranger, Etat de réalisation des projets agrées au cours des années 1975-76.

AGUER, B.
31.) *1991* Résurgence de l'Islam en Espagne.
In: *REMI* 7, 3: 59-76.

AICH, Prodosh
32.) *1962* Farbige unter Weißen. Köln; Berlin.

AIDOO, Ama Ata
33.) *1977* Our Sister Killjoy. Harlow.

AIMI, A.
34.) *1985* Gli immigranti dal Terzo Mundo a Milano.
In: *Affari Sociali Internazionali* XIII 2: 91-110.

AÏT HAMZA, Mohamed
35.) *1992* L'habitat dans le Dadès et le rôle de l'émigration dans son évolution récente.
In: Recherche scientifique au service du développement. (Série: Colloques et Séminaires, 22.) Rabat: 127-145.
36.) *1996* Emigration et formation socio-économiques au Sud de l'Atlas: cas du douar Amejgag.

In: Le bassin du Draa. Publications de la Faculté des Lettres et de Sciences Humaines d'Agadir: 61-71.
37.) *1997a* La migration et les transformations sociales dans un village sud marocain: Amejgag.
In: Migration internationale et changements sociaux dans le Maghreb. Colloque International Hammamat, 21-25 juin 1993: 381-403. (Série: colloque, 7.)
38.) *1997b* Auswirkungen der Arbeitsmigration auf die Oasen in Südmarokko.
In: *Geographische Rundschau* 49: 82-88.

AJALA, Adekunle
39.) *1973* Pan-Africanism: Evolution, Progress and Prospects. London.

AJAYI, J. F. Ade (ed.)
40.) *1998* The African Diaspora.
In: (ders.), General History of Africa, VI, Africa in the Nineteenth Century Until the 1880s. London: 305-15.

AKOL, Joshua O.
41.) *1994* A Crisis of Expectations. Returning to Southern Sudan in the 1970s.
In: Allen, Tim; Hubert Morsink (eds.): When Refugees go Home. African Experiences. Trenton; New Jersey: 78-95.

AKUMBU, M'OLUNA, Jean- Pierre
42.) *1985* Le cas du Gabon.
In: *Travail et développement* 5/6: 135-143.

ALBERS, Wilhelm; Armin CLASEN
43.) *1963* Mohren im Kirchspiel Eppendorf und im Gute Ahrensburg.
In: *Zeitschrift für Niederdeutsche Familienkunde* 41, 1: 2-4.

ALEUANE, Youssef
44.) *1985* Le cas de la Tunisie.
In: *Travail et développement* 5/6: 207-219.

ALIM, Abdulkadir
45.) *1995* Die Situation somalischer Flüchtlinge in der Bundesrepublik Deutschland und in Schweden. Berlin. (Diplomarbeit).

ALIMAZIGHI, Kamel
46.) *1975* Les ouvriers immigrés algériens face au retour. Paris. (Dissertation.)

ALLAYA, Mahmoud
47.) *1977* Die Arbeiterwanderung aus den Mittelmeerländern nach Europa.In: R. Regul (Hg.), Die Europäischen Gemeinschaften und die Mittelmeerländer. Baden-Baden.

ALLEN, Tim et al.
48.) *1977* Work, Race, Immigration. Bradford.

ALLEN, Tim; Hubert MORSINK (eds.)
49.) *1994* When Refugees go Home. African Experiences. Trenton, New Jersey.

ALMEIDA, João Ferreira de et al.
50.) *1992* Exclusão social. Factores e tipos de pobreza em Portugal. Oeiras.

ALONSO GARCÁ, M. J. (ed.)
51.) *1989* Las comunidades Europeas, el mediterráneo y el norte de África. Melilla: Asociación de Estudios Hispano-Africanos.

ALOUANE, Youssef
52.) *1979* L'émigration maghrébine en France. Tunis.

ALT, J.
53.) *1987* Arbeitspapier zum Asylantenproblem in der Bundesrepublik Deutschland. Zahlenmaterial und Situationsbeschreibung.Institut für Gesellschaftspolitik. München.

ALTENBERG, Peter
54.) *1897* Ashantee (im Wiener Thiergarten bei den Negern der Goldküste, Westküste). Berlin.

AMAR, M.; P. MILZA
55.) *1990* L'immigration en France au XX Siècle. Paris.

AMARA, Salika
56.) *1977* Nous, femmes immigrées, on nous avait oubliées.
In: *Autrement* 11: 53-56.

AMBROSINI, Maurizio
57.) *1992* Il lavoro degli immigranti. Analisi del caso lombardo.
In: *Studi Emigrazione* 29, 105: 2-20

AMERSFOORT, Hans van
58.) *1987* Résidence et groupes ethniques dans les villes néerlandaises: classe, race ou culture?
In: *REMI* 3, 3: 91-116.

AMO, Anton Wilhelm
59.) *1968* Dokumente, Autographe, Belege, ausgewählt und zusammengestellt im Auftrage der Philosophischen Fakultät der Martin-Luther-Universität Halle-Wittenberg von Burchard Brendtjes, 2. Bde. Halle (Saale).

AMOATENG, John
60.) *1990* Les allemands noirs, la crise d'identité qui vient de l'est.
In: *IM'média*, Sondernummer, 1989-90: 36ff.

AMPONSEM, George
61.) *1994* "Informal" Cross National Trade in Ghana.
Sociology of Development Research Centre. Working Paper no.212. Bielefeld.
62.) *1997* Global Trading and Business Networks among Ghanaians: An Interface of the Local and Global. Faculty of Sociology, Univ. of Bielefeld. (PhD Dissertation).

AMSELLE, J. L. (ed.)
63.) *1976* Les migrations africaines: Réseaux et processus migratoires. Paris.

AMT FÜR MULTIKULTURELLE ANGELEGENHEITEN (Hg.)
64.) *1997* Afrika in Frankfurt. Kultur und Alltag in einer deutschen Stadt. Frankfurt/ M.

AMUR BIN NASUR ILOMEREI
65.) *1970* Leben des Herrn Amur bin Nasur.
In: Carl G. Büttner (Hg.): Anthologie aus der Suaheli-Literatur (Geschichte und Geschichten der Suaheli). Nelden.

ANDRAIN, Charles F.
66.) *1962* The Pan- African Movement: The Search for Organization and Community.
In: *Phylon* Spring 1962.

ANDRIAMIRADO, Sennen
67.) *1991* France. Quand la gauche expulse. Emigrés indésirables.
In: *Jeune Afrique* 31: 14-18.

ANIGBO, O. A. C.
68.) *1992* The Igbo Elite and Western Europe. Africana- FEP Publ. Onitscha.

ANONYMUS
69.) *1760* Account of a Negro Woman, Who Became White.
In: *The Gentleman's Magazine, and Historical Chronicle* 30.

ANONYMUS
70.) *1959* Kärls und Köppe.
In: *Westfälische Nachrichten vom 7. März 1959* Nr. 62.

ANONYMUS
71.) *1959*   Schwarze Militärmusiker und Spielleute.
         In: *Deutscher Soldaten-Kalender* 7: 177-180.

ANONYMUS
72.) *1935*   Mohren in der Mark und an der Saar.
         In: *Archiv für Sippenforschung* 12: 260f.

ANONYMUS
73.) *1804*   Interessante Nachrichten von dem Betragen der durch den lieben Missionsbruder Kicherer nach Europa gebrachten christlichen Hottentotten, Aus einem Briefe von Zeist in Holland vom 27sten Septemb. 1803.
         In: Sammlungen für Liebhaber christlicher Wahrheit und Gottseligkeit. Basel.

ANONYMUS
74.) *1780*   Rechtsgeschichte eines erkauften Mohren. Bericht des Kammergerichts an das Justizministerium.
         In: *Beyträge zur juristischen Litteratur in den Preußischen Staaten, Eine periodische Schrift*, 6. Sammlung, 4. Abschnitt. Berlin: 296-311.

ANTUNES, Maria Manuela Santos
75.) *1990*   Etnicidade urbana e marginalização: um olhar sobre a communidade cabo- verdiana em Amadora. (unveröffentl. Manuskript).

ANWAR, Muhammad
76.) *1986*   Race and Politics. Ethnic Minorities and the British Political System. London.
77.) *1990*   Ethnic Classifications, Ethnic Monitoring, and the 1991 Census.
         In: *New Community* 16: 607-15.
78.) *1994*   Race and Elections: The Participation of Ethnic Minorities in Politics. Warwick.

AOLINO, Jessica R.
79.) *1966*   Approches de la migration noire en France.
         In: *Special Issue of "Hommes et Migrations"* No. 104. Paris.
80.) *1998*   Ethnic Minorities, Electoral Politics and Political Integration in Britain. Ort?

APPIAH, J. J.
81.) *1985*   Die Musama Disco Christo Church in London.
         In: *Zeitschrift für Mission* XI, 1: 35-38.
82.) *1990*   The Autobiography of an African Patriot. New York.

APPIAH- KUBI, Joseph
83.) *1995*   Die soziokulturelle Identität der Ghanaer in der Bundesrepublik Deutschland am Beispiel Hamburg. Eine empirische Untersuchung mit qualitativen Methoden. Hamburg. (Unveröffentl. Magisterschrift).
84.) *1996*   dto. 2 Bände Anhang.

ARAGÓN BOMBÍN, R.
85.) *1991*   „Hacia una politica activa de inmigracion".
         In: *Revista de Economia y Sociologica del trabajo, Ministerio de trabajo y Seguridad Social* 11, marzo: 97-108.
86.) *1992*   Las migraciones en la nueva Europa: Espana frontera sur ante los flujos inmigratiorios de África e Iberoamérica. Murcia.

ARAGÓN BOMBÍN, R.; J. CHOZAS PEDRERO,
87.) *1994*   L'Espagne, nouveau pays d'immigration.
         In: OCDE, Migration et Développement. Un nouveau partenariat pour la coopération. Paris.

ARDILL, N.; N. CROSS
88.) *1987*   Undocumented Lives: Britain's Unauthorized Migrants Workers. London.

ARENA, Gabriella
89.) *1983* Lavoro feminile e immigrazione: dai Paesi Afro-Asiatici a Roma.
In: *Studi Emigrazione* 20, 70: 177-189.

ARNOLD, Anne-Sophie
90.) *1996* Fremde Heimat- heimatliche Fremde: Kwasi Boakye in Deutschland.
In: G. Höpp (Hg.), Fremde Erfahrungen. Asiaten und Afrikaner in Deutschland, Österreich und in der Schweiz bis 1945. Berlin: 259-275.

ARNOLD, Hans
91.) *1991* Das „Jahrhundert des Flüchtlings" - ein Jahrhundert Europas?
In: *Aussenpolitik* 42, 3: 271-280.

ARNOULET, François
92.) *1984* Les tunisiens et la première guerre mondiale (1914-1918).
In: *Revue de l'Orient Musulman et de la Mediterrannée*, 38. Aix.

ASA- ASA, Louis
93.) *1987* Narrative of Louis Asa-Asa, a Captured African, appendix to the 'History of Mary Prince'.
In: H. L. Gates (ed.), The Classic Slave Narratives. New York.

ASAD, Talal
94.) *1990* Multiculturalism and British Identity in the Wake of the Rushdie Affair.
In: *Politics and Society* 18, 4: 455-80.

ASANTE, David
95.) *1859* Akwantusem (= on a Journey). Basel: Basel Mission Archive.

ASCOLI, Ugo
96.) *1985* Migration of Workers and Labor Markets: Is Italy Becoming a Country of Immigration?
In: Rosemarie Rogers (ed.), The Effects of European Labor Migration on Sending and Receiving Countries. Boulder, London.

ASHDOWN, J. (ed.)
97.) *1991* Prophets and Prayers: Interviews With Leaders of African Churches in London. London.

ASIEGBU, J. U. J.
98.) *1969* Slavery and the Politics of Liberation, 1787-1861: A Study of Liberated African Emigration and British Anti-Slavery Policy. London.

ASSENSOH, A. B.
99.) *1998* African Political Leadership: Jomo Knyatta, Kwame Nkrumah and Julius K. Nyerere. Malabar, Fla.

ASSOCIATION FRANCE-ALGÉRIE
100.) *1966* Compte-rendu des travaux du colloque sur la migration algérienne qui s'est tenu du 13 au 15 Octobre 1966 au Centre des Conférences Internationales. Paris.

ATH-MESSAOUD, Malek; Alain GILETTE
101.) *1976* L'immigration algérienne en France .Paris.

AUGARDE, J., PREVOST, G.
102.) *1970* La migration algérienne.
In: *Hommes et Migrations: Études* 116: 3-161.

AUSLÄNDERBEAUFTRAGTE DES SENATS BERLIN
103.) *1993* Afrikaner in Berlin. Berlin.
104.) *1995* Eine Geschichte von mehr als 100 Jahren. Die Anfänge der Afrikanischen Diaspora in Berlin. Berlin.

AUSLÄNDERBEAUFTRAGTER DES SENATS DER FREIEN UND HANSESTADT HAMBURG (Hg.)
105.) *1992* Afrikanerinnen und Afrikaner in Hamburg. Hamburg.

AUVOLAT, Michel; Rachid BENATTIG
106.) *1988* Les artisans étrangers en France.
In: *REMI* 4, 3: 37-56.

AVERTY, Jean-C.
107.) *1969* Sidney Bechet 1919-1922.
In: *Jazz Hot* 250: 22-23. Paris.

AYANDELE, E. A.
108.) *1972* James Africanus Beale Horton: Pioneer Philosopher of Western Education in West Africa.
In: *West African Journal of Education* 16, 2: 115-121.

AYARIC, Ghanatha Kolyang
109.) *1998* Afrikanische Literatur als Baustein im interkulturellen Dialog? Produktion und Rezeption afrikanischer Literatur in Deutschland. Reader zum Kolloquium von 14./15. Nov. 1997 in Hamburg. Hamburg; Bremen.

AYIM, May
110.) *1992* Wege zu Bündnissen. Dokumentation, Tagung und von/ für ethnische und Afro-deutsche Minderheiten. Berlin.
111.) *1993* „Das Jahr 1990. Heimat und Einheit aus afro-deutscher Perspektive".
In: Ika Hügel (Hg.), Entfernte Verbindungen: Rassismus, Antisemitismus, Klassenunterdrückung. Berlin.
112.) *1995* blues in schwarz-weiss. Gedichte. Berlin.

AZIZ, Namo
113.) *1992* Zur Lage der Nicht-Deutschen in Deutschland.
In: *Aus Politik und Zeitgeschichte* 9: 37-44.

BA, Alpha Lassane; COQUET, I.
114.) *1993* Bassin du fleuve Sénégal: zone d'émigration, zone de transformation. Impacts des projets des associations villageoises de développement.USTL, Lille I, Villeneuve d'Ascq.
115.) *1994* Les initiatives des émigrés de la région du Sénégal installés dans le Nord- Pas- de-Calais.
In: *Hommes et Terre du Nord* 4: 166-71.

BACCETTA, Paola; Vincenzo DI RENZO
116.) *1990* Europa immigrazione, terzo mundo.
In: *Quaderni Federalisti* 75/76: 1-104

BACK, L.; J. SOLOMOS
117.) *1991* Black Politics and Social Change in Birmingham: an Analysis of Recent Trends.
In: *Ethnic and Racial Studies* 15: 327-51.

BADE, Klaus J.
118.) *1987* Population, Labour and Migration in 19th and 20th Century Germany. New York.

BADE, Klaus J. (Hg.)
119.) *1992* Ausländer, Aussiedler, Asyl in der Bundesrepublik Deutschland. Bonn.

BADUEL, Robert
120.) *1981* Migrations internes et émigration: Le cas tunisien.
In: *Annuaire de l'Afrique du Nord* 20: 169-185.
121.) *1983* Emigration et micro- urbanisation dans le Sud tunisien.
In: *Hommes et Migrations* 1057: 14-21.

BAKER, Houston A. Jr.; Manthia DIAWARA (eds.)
122.) *1996* Black British Cultural Studies. Chicago.

BAKER, William
123.) *1998* "Jesse Owens and the Germans: A Political Love Story".
In: McBridge, David; Leroy Hopkins; Carol Aisha Blackshire-Belay (Hg.), Crosscurrents: African Americans, Africa, and Germany in the Modern World. Columbia: 167-76.

BALAN, Jorge (ed.)
124.) *1981* Why People Move. Comparative Perspectives on the Dynamics of Internal Migration. Paris.

BALIBAR, Étienne
125.) *1984* "Sujets ou citoyens?" L'immigration maghrébine en France.
In: *Les Temps Modernes* 452, 453, 454. Paris.

BALIQUE, Hubert
126.) *1983* Maliens: En „mission" pour le village.
In: *Hommes et Migrations* 1060: 34-39.

BALLARD, R.; V. S. KALRA
127.) *1994* The Ethnic Dimensions of the 1991 Census: A Preliminary Report. Manchester Census Group. University of Manchester.

BANTON, Michael. P.
128.) *1955* The Coloured Quarter. Negro Immigrants in an English City. London.
129.) *1983* Racial and Ethnic Competition. Cambridge.
130.) *1987* Racial Theories. Cambridge.
131.) *1988* Racial Consciousness. London.

BARAKA, Imamu Amiri
132.) *1972* African Congress: A Documentary of the First Modern Pan- African Congress. New York.

BARIANI, Didier
133.) *1985* Les immigrés, pour ou contre la France? Paris.

BAROU, Jacques
134.) *1982(78)* Travailleurs africains en France, rôle des cultures d'origine. Grenoble.
135.) *1987* In the Aftermath of Colonization: Black African Immigrants in France.
In: Buechler, Hans Christian; Judith-Maria Buechler (eds.), Migrants in Europe. The Role of Family, Labor, and Politics. New York; London.
136.) *1989* Les immigrations africaines à la croisée des chemins.
In: *Migrants-Formation* 76: 6-18.
137.) *1990a* Des chiffres et des hommes.
In: *Hommes et Migrations* 1131 avril: 5-8.
138.) *1990b* Les soninkés d'hier à demain.
In: *Hommes et Migrations* 1131 avril: 9-12
139.) *1992a* Familles, Enfants et Scolarité chez les africains immigrés en France.
In: *Migrants-Formation* 91. Paris.
140.) *1992b* L'immigration en France des ressortissants des pays d'Afrique noire. Rapport du groupe de travail interministériel sous la présidence d'Hibert Prévot, secrétaire général à l'intégration.
141.) *1993* Les immigrations africaines en France: „des navigateurs" au regroupement familial.
In: *Revue Française des Affaires Sociales* 1: 193-205.

BARROS, João de
142.) *1989* Die Fahrten entlang der Westküste Afrikas und die Entdeckung der Inseln Porto Santo und Madeira und des Cabo Verde.
In: Pögl, Gabriele; Rudolf Kroboth, Heinrich der Seefahrer oder die Suche nach Indien. Stuttgart; Wien: 261-313.

BARSOTTI, Odo; Laura LECCHINI
143.) *1989* L'immigration des pays du tiers- monde en Italie.
In: *REMI* 5, 3: 45-63.

BASTENIER, Albert; Félice DASSETTO
144.) *1985* Organisations musulmans de Belgique et insertion sociale des populations immigrées.
In: *REMI* 1, 1: 9-24.

BASTENIER, Albert et al.
145.) *1990* Italia, Europa, e nuove immigrazioni. Torino.

BATUMIKE, Ciruku
146.) *1993* Présence africaine en Suisse. Paris.

BAUER, Antje; Werner RAITH; Dominic JOHNSON
147.) *1992* Tagesthema: Tödliches Risiko am Rande der Festung."Allenfalls noch zwanzig Jahre Luft". Afrikaner etappenweise nach Europa.
In: *taz,*17.2.1992: 3

BAUER, Wilhelm A.
148.) *1922* Angelo Soliman, der hochfürstliche Mohr. Ein exotisches Kapitel Alt- Wien. Wien.

BECHER, Virgina
149.) *1995* Black Christians. Black Church Traditions in Britain. A Resource Pack produced jointly by the Centre for Black and White Christian Partnership and Westill RE Centre. Birmingham.

BECHET, Sidney
150.) *1960* Treat it Gentle. London.
151.) *1992* Petite fleur: Erinnerungen eines begnadeten Jazzmusikers. Hamburg et al. (Orig.: Treat it gentle.)

BECHHAUS-GERST, Marianne
152.) *1997* „Afrikaner in Deutschland 1933-1945".
In: *Zeitschrift für Sozialgeschichte des 20. und 21.Jahrhunderts* 1999, 12, 4: 10-31.

BECKEN, H.- J.
153.) *1982* Die Himmlische Kirche Christi. Eine Afrikanische Unabhängige Kirche in Mitteleuropa.
In: *Zeitschrift für Mission* VIII/ 2: 98-103.

BEGAG, A.
154.) *1988* La mobilité spatiale des immigrés et ses effets sociaux.
In: *International Migration* XXVI, 2: 199-214.
155.) *1990* The French-Born Youths Originating in North-African Immigration. From Socio- Spatial Relegation to Political Participation.
In: *International Migration* XXVIII, 1: 81-88.

BEHBOUD, Suhela
156.) *2001* Die Identität der Deutschen in Namibia und ihre Infragestellung durch Grenzüberschreitungen- Prozesse der Ethnisierung 1884-1990. (unveröffentl. Magisterschrift).

BEHN, Aphra
157.) *1966* Oroonoko oder die Geschichte des königlichen Sklaven. Frankfurt/ M.
158.) *1967* The Works of Aphra Behn. New York.

BELAKBIR, M.
159.) *1988* Logement bruxellois et culture marocaine.
In: *Tribune immigrée* 26/27: 42-44.

BELBAHRI, Abdelkader
160.) *1992* Diversité de l'entreprenariat étranger à Lyon.
In: *REMI* 8, 1: 61-71.

BELGAID HASSINE, N. ; A. MRABET
161.) *1974* Etude socio- économique de l'émigration du travail tunisienne, Comptes rendus du séminaire organisé par le Centre de Développement de l'OCDE sur l'invitation du Gouvernement Autrichien et avec le concours de l'institut de Vienne pour le Développement et la Cooperation. Vienne, 13.-15.Mai 1974.

BENAMRANE, Djilali
162.) *1983* L'émigration algérienne en France: passé, présent, et devenir. Societé Nationale d'Edition et de Diffusion. Alger.

BENATTIG, Rachid
163.) *1988* Devenir des algériens rentrés avec l'aide à l'insertion.
In: *REMI* 4, 3: 97-114.
164.) *1989* Les retours assistés dans les pays d'origine: une enquête en Algérie.
In: *REMI* 5, 3: 79-102.

BENCHERIFA, A.
165.) *1993* Migration extérieure et développement agricole au Maroc. Etat de la connaissance, observations empiriques recentes, et perspectives de recherches futures.
In: *Revue de Géographie du Maroc* N.S, 15, 1-2: 51-92.

BENDIFALLAH, Smail
166.) *1974* L'immigration algérienne et le droit français. Paris.

BENEDIKTER, Thomas
167.) *1990* Italiens neue Einwanderung.
In: *Progrom, Zeitschrift für bedrohte Völker* 21, 156: 53-55.

BENHADJI, Abderrezak
168.) *1975* Retour et réinsertion des travailleurs migrants dans leur pays d'origine.
In: *Problèmes Economiques* 1405: 3-9.

BEN JALLOUN, Tahar
169.) *1984* Hospitalité française: racisme et immigration maghrébine. Paris.

BENNEGADI, R.; F. BOURDILLON
170.) *1990* La santé des travailleurs migrants en France: aspects médicaux- sociaux et anthropologiques.
In: *REMI* 6, 3: 129-144.

BENNINGHOFF- LÜHL, Sybille
171.) *1984* Die Ausstellung der Kolonisierten. Völkerschauen von 1874-1932.
In: Volker Harms (Hg.), Andenken an den Kolonialismus. Eine Ausstellung des Völkerkundlichen Instituts der Universität Tübingen. Tübingen.

BENNOUNE, Mahfoud
172.) *1975* The Maghrebine Migrant Workers in France.
In: *Race and Class* 18.Jg., 1: 35-48.

BENTAIEB, Malika
173.) *1991* Les femmes étrangères en France.
In: *Hommes et Migrations* 1141: 4-12.

BEN- TOVIM, G.; J. GABRIEL
174.) *1982* The Politics of Race in Britain, 1962-1979.
In: C. Husband, Race in Britain: Continuity and Change. London.

BEN-TOVIM, G.; J. GABRIEL; I. LAW; K. STREDDER
175.) *1986* The Local Politics of Race. Houndsmills, England.

BERGER, Almuth
176.) *1990* Zur Situation der Ausländer in der DDR.
In: *Zeitschrift für Ausländerrecht und Ausländerpolitik* 10, No.4: 155-156.

BERHANE, Kidane
177.) *1993* Ich bin ein Eritreer. Erinnerungen an die Heimat. Rottenburg.

BERNSTORF, Wiebke; Uta PLATE
178.) *1997* Fremd bleiben. Interkulturelle Theaterarbeit am Beispiel der afrikanisch- deutschen Theatergruppe Rangi-Moja. Frankurt/ M.

BERRIANE, Mohamed

179.) 1994 Die Wahrnehmung Deutschlands durch marokkanische Gastarbeiter in der Bundesrepublik.
In: H. Popp, (Hg.), Die Sicht des Anderen- Das Marokkobild der Deutschen, das Deutschlandbild der Marokkaner.
In: *Maghreb Studien* 4: 239-250. Passau.
180.) 1996 Die Provinz Nador: Eines der wichtigsten Herkunftsgebiete der marokkanischen Emigration.
In: ders. et al., Remigration Nador I: Regionalanalyse der Provinz Nador (Marokko).
In: *Maghreb Studien* 5: 157-192. Passau.

BERRIANE, Mohamed; Atmane HNAKA
181.) *1993a* Réseaux transnationaux entre l'Europe et le Maghreb. Bruxelles; Aix-en- Provence.
182.) *1993b* Les entrepreneurs migrants au Maroc.
In: dieselb., Réseaux transnationaux entre l'Europe et le Maghreb. Bruxelles; Aix-en-Provence: 58-171.
183.) *1996* Les entrepreneurs émigrés marocains. Aix-en Provence.

BERRIANE, Mohamed; H. HOPFINGER
184.) *1992* Migration internationale de travail et croissance urbaine dans la province de Nador. (Maroc).
In: *REMI* 8, 2: 171-190.
185.) *1993* De l'émigration au grand commerce. La percée d'un promoteur audacieux.
In: *Rivages* 11: 35-37.

BERRIANE, Mohamed; Herbert POPP (éds.)
186.) *1999* Migrations internationales entre le Maghreb et l'Europe: les effets sur les pays de destination et les pays d'origine. Actes du 4éme colloque maroco-allemand Munich 1997. (Série: Colloques et Séminaires N°75.) Rabat.

BHACHU, Parmider
187.) *1985* Twice Migrants: East African Sikh Settlers in Britain. London.
188.) *1986* Women, Dowry, and Marriage among East African Sikh Women in the United Kingdom.
In: Simon, R. J.; C. B. Brettell; N. J. Totowa (eds.), International Migration. The Female Experience. Ort?
189.) *1988* Apni Marzi Kardhi. Home and Work : Sikh Women in Britain.
In: Westwood, S.; P. Bhachu (eds.), Enterprising Women: Ethnicity, Economy and Gender Relations. London.
190.) *1991* Ethnicity Constructed and Reconstructed: The Role of Sikh Women in Cultural Elaboration and Educational Processes in Britain.
In: *Gender and Education* 1, 3.

BIERMANN, Rafael
191.) *1992* Migration aus Osteuropa und dem Maghreb.
In: *Aus Politik und Zeitgeschichte* B 9/92: 29-36.

BILLIEZ, J.
192.) *1985* Les jeunes issus de l'immigration algérienne et espagnole à Grenoble.
In: International Journal of the Sociology of Language54: 41-56.

BINFIELD, Clyde
193.) *1973* George Williams and the Y.M.C.A: A Study in Victorian Social Attitudes. London.

BING, Geoffrey
194.) *1968* Reap the Whirlwind [Nkrumah]. London.

BIONDI, Jean-Pierre
195.) *1993* Senghor ou la tentation de l'universel. Paris.

BIRINDELLI, A. M.
196.) *1988* La presenza a Roma degli stranieri provenienti da alcune aree dell'Africa e dell'Asia.
In: *Studi Emigrazione* 25, 91-92: 389-399.

BIRINDELLI, A. M.; G. GESANO
197.) *1985* The Recent Socio-economic Transformations in Italy and Its Internal and External Migratory Movements.

In: *International Migration* XXIII, 1: 149-156.

BIRMINGHAM, David
198.) *1998* Kwame Nkrumah: the Father of African Nationalism. Athens, Georgia.

BISTOLFI, Robert
199.) *1992* L'est. Nous fera-t-il- oublier le sud?
In: *Hommes et Migrations* 1155: 44-46.

BITTERLI, Urs
200.) *1970* Die Entdeckung des schwarzen Afrikas. Zürich
201.) *1976* Die „Wilden" und die „Zivilisierten". München.

BIZIMANA, N.
202.) *1985* Müssen die Afrikaner den Weißen alles nachmachen? Berlin.
203.) *1989* White Paradise, Hell for Africa? Berlin.

BLACKSHIRE- BELAY, Carol- Aisha (ed.)
204.) *1996* The African- German Experience: Critical Essays. Westport.

BLACKSHIRE- BELAY, Carol- Aisha
205.) *1998* "In Search of Africa in the German World: Transcultural Migrations".
In: McBridge, David; Leroy Hopkins; Carol- Aisha Blackshire-Belay (ed.), Crosscurrents: African Americans, Africa, and Germany in the Modern World. Columbia: 115-28.

BLAKELY, Allison
206.) *1986* Russia and the Negro. Blacks in Russian History and Thought. Washington.

BLANC, Maurice; Sylvie le BARS (éds.)
207.) *1993* Les minorités dans la cité: perspectives comparatives. Paris.

BLANC, Maurice
208.) *1990* Les politiques d'attribution de logements sociaux aux minorités ethniques en France, Grand- Bretagne et Allemagne fédérale.
In: *Migration* 7: 69-91.

BLASCHKE, Jochen
209.) *1991* Les travailleurs dans l'Allemagne réunifiée.
In: *REMI* 7, 2: 63-82.

BLASCHKE, Jochen, Kurt GREUSSING (Hg.)
210.) *1980* „Dritte Welt" in Europa, Probleme der Arbeitsimmigration. Frankfurt.

BLÜMML, Emil Karl; Gustav GUGITZ
211.) *1921* Die Marokkaner in Wien.
In: Altwienerisches, Bilder und Gestalten, 2 Bde. Wien; Prag; Leipzig.

BODIN, C.; Catherine QUIMINAL
212.) *1991* „Le long voyage des femmes du Fleuve Sénégal".
In: *Hommes et Migrations* 1141, mars: 23-26.

BODY-GENDROT, Sophie
213.) *1992* Entrepreneurs entre deux mondes. Les créations d'entreprises par les étrangers: France, Europe, Amérique du Nord. Editorial.
In: *REMI* 8, 1: 5-8.

BÖHNING, W. R.
214.) *1975* Some Thoughts on Emigration from the Mediterranean Basin.
In: *International Labour Review* 111, 3: 251-77.
215.) *1977* Arbeitnehmer aus Mittelmeerländern in Westeuropa: Auswirkungen auf Heimat-und Empfangsländer.
In: R. Regul (Hg.), Die Europäischen Gemeinschaften und die Mittelmeerländer. Baden- Baden.
216.) *1979* International Migration and the Western World: Past, Present, Future.

In: *International Migration* 16: 1-23.

BOISSEVAIN, Jérémy
217.) *1992* Les entreprises ethniques aux Pays-Bas.
In: *REMI* 8, 1: 97-106.

BOLT, Christine
218.) *1971* Victorian Attitudes to Race. London.

BONN, Gisela
219.) *1968* L. S. Senghor: Wegbereiter der Culture Universelle. Düsseldorf et al.

BONNET, J.; R. BOSSARD
220.) *1973* Aspects géographiques de l'émigration marocaine vers l'Europe.
In: *Revue de Géographie du Maroc* 23-24: 5-50.

BONO, Salvatore
221.) *1966* Due Santi Negri. Benedetto da San Fratello e Antonio da Noto.
In: *Estratto da Africa, Rivista Trimestre di Studi e Documentazione dell'Istituto Italinao per l'Africa* 21, 1: 76-79.

BOOTH, Heather
222.) *1985* Second Generation Migrants in Western Europe: Demographic Data Sources and Needs. Warwick.
223.) *1996* The Migration Process in Britain and West Germany. Two Demographic Studies of Migrant Populations. Hampshire.

BORNER, E.; J. GERDTS
224.) *1984/5* Prophet Anoh Richard Amponsah und die Ghanaische Gemeinde der Church of Christ Hamburg. Bericht über eine Feldforschungsexkursion.

BORSALI, F.
225.) *1985* Colonial Scholarship Policies, and British Policy Towards Colonial Students 1939-1950: The West African Case. Algiers.

BOSSARD, R.
226.) *1979* Un espace de migration: Les travailleurs du Rif oriental (province de Nador) et l'Europe. Montpellier.
In: *Espace rural,* 1.

BOUBAKRI, Hassen
227.) *1985* Modes de gestion et réinvestissements chez les commerçants tunisiens à Paris.
In: *REMI* 1, 1: 49-65.
228.) *1994a* Migration et coopération pour le développement: cas de l'Egypte et de la Tunisie.
In: *Etudes démographiques,* 8. Strasbourg.
229.) *1994b* La mobilité résidentielle des ménages d'émigrés dans la ville de Msaken (Sahel tunisien): une anthropologie du mouvement.
In: Structures familiales et rôles sociaux. (Collection „Sources".) Tunis.
230.) *1995* Circulations transfrontalières et commerce parallèle dans la région de Tattaouine (Sud- est tunisien). In: Actes du Colloque „Espaces- frontières et dynamiques socio-culturelles au Maghreb IRMC. Sidi Bou Saïd.
231.) *1996a* Travail indépendant et économie ethnique au sein des communautés issues de l'immigration en Europe Occidentale.-Communication présentée à la Conférence Méditerranéenne sur la Population, les Migrations et le Développement. Conseil de l'Europe. Palma de Majorque, 15-17 octobre '96. (non publié).
232.) *1996b* Opérateurs en réseaux entre le Maghreb et l'Europe: les entrepreneurs migrants tunisiens. - Communication présentée à la Conférence Méditerranéenne sur la Population, les Migrations et le Développement. Conseil de l'Europe. Palma de Majorque, 15-17 octobre '96. (non publié).
233.) *1996c* Les entrepreneurs migrants du Sud-Est tunisien: réseaux communautaires, stratégies d'investissement et développement local.

In: J. Cesari (Hg.), Réseaux transnationaux entre l'Europe et le Maghreb. Rapport de recherche pour la Commission des Communautés Européennes. Direction Générale des Relations Extérieures. (D.G.1), 2 vol. Bruxelles.

234.) *1997* Champs migratoires, caractéristiques socio-professionnelles et pratiques économiques des émigrés de la région de Msaken.
In: Migration internationale et changements sociaux dans le Maghreb. Colloque International Hammamet, 21-25 juin 1993. Tunis.

BOUBAKRI, Hassan et al.
235.) *1990* Les effets des migrations internationales sur les pays d'origine: le cas du Maghreb. Paris.

BOUDAHRAIN, Abdellah
236.) *1985* Nouvel ordre social international et migrations dans le cadre du monde arabe et de l'espace euro- arabe. Paris.

BOUDIMBOU, Guy
237.) *1991* Habitat et modes de vie des immigrés africains en France. Paris.

BOUGAREL, Xavier; Philippe DIALLO
238.) *1990* Les travailleurs musulmans à Renault-Billancourt: le repli.
In: *REMI* 7, No.3: 77-90.

BOUHOUCHE, Ammar
239.) *1994* The Return of Algerian Refugees following Independence in 1962.
In: Allen, Tim.; Hubert Morsink (eds.): When Refugees go Home. African Experiences. Trenton; New Jersey: 71-77.

BOUKABAYA, (Hadj Abdallah)
240.) *1915(17)* L'Islam dans l'armée française. Istanbul; Lausanne.

BOUMAZA, Nadir
241.) *1986* Difficultés de la réinsertion. L'exemple de l'immigration tunisienne.
In: *Hommes et Migrations* 1097: 18-33.

BOUMEDIENE, Houari
242.) *1973* Discours.
In: Amicale des Algériens en Europe: 7-19.Conférence Nationale sur l'émigration. Alger.

BOURAQUI, Abdelhamid
243.) *1976* Les travailleurs tunisiens en France.
In: *Revue Tunisienne des Sciences sociales*, No.44.

BOURNE, J.; A. SIVANANDAN
244.) *1980* Cheerleaders and Ombudsmen: the Sociology of Race Relations in Britain.
In: *Race and Class* 22 1: 47-62.

BOUVIER D'YVOIRE, C.
245.) *1993* Ressortissants d'Afrique de l'ouest à Mantes-La-Jolie: transformations identitaires et organisations communautaires. Paris. (DEA en Sciences Sociales).

BOVENKERK, Frank; Robert MILES; Gilles VERBUNT
246.) *1991* Comparative Studies of Migration and Exclusion on the Grounds of „Race", and the Ethnic Background in Western Europe: A Critical Appraisal.
In: *International Migration Review* XXV, 2: 375-391.

BRACKMANN, Albert
247.) *1937* Die politische Bedeutung der Mauritius-Verehrung im frühen Mittelalter. Bd.30. Berlin.

BRAH, Avtar
248.) *1993* Difference, Diversity, Differentiation - Processes of Racialisation and Gender.
In: Wrench, J.; J. Salomos (eds.), Racism and Migration in Western Europe. Oxford; Providence.

BRAHAM, P.
249.) *1982* Migration and Settlement in Britain. Milton Keynes.

BRANCH, W. B. (ed.)
250.) *1993* Crosswinds. An Anthology of Black Dramatists in the Diaspora. Indiana.

BRÄUNLEIN, Peter J.
251.) *1991* Magier, Märtyrer, Markenzeichen. Tucherbräu und Mohren- Apotheken.
In: Marie Lorbeer; Beate Wild (Hg.), Menschenfresser, Negerküsse. Das Bild vom Fremden im deutschen Alltag. Berlin: 104-115.
252.) *1997/9* "From 'Peter Moor' to 'Kariuki': African Germans and Africans in German Children's and Juvenile Literature".
In: *Journal of African Children's & Youth Literature* 9/ 10.

BREDELOUP, Sylvie
253.) *1994* Dynamiqe migratoires et dynamiques associatives.
In: *Hommes et Terre du Nord*, 4: 179-88.
254.) *1995* Guide bibliographique. Emigration sénégalaise et immigration au Sénégal (publications 1990-1995).
In: *Mondes en Developpement*, Tome 23, n° 91: 123-129.

BREITENBACH, Diether; Dieter DANCKWORTT
255.) *1966* Probleme der Ausbildung und Anpassung von Praktikanten aus Entwicklungsländern: Kurzbericht über 20 Einzelfallstudien bei ausländischen Praktikanten, die in der deutschen Wirtschaft tätig sind. Saarbrücken.

BRENTJES, Burchard
256.) *1968* Antonius Guilielmus Amo Afer aus Axim in Ghana: Student, Doktor der Philosophie Magister Legens an den Universitäten Halle, Wittenberg, Jena 1727-1747. Dokumente/Autographe/Belege. Halle: Martin-Luther-Universität Halle-Wittenberg. (2 Bände).
257.) *1969a* Anton Wilhelm Amo in Halle, Wittenberg und Jena.
In: *Mitteilungen des Instituts für Orientforschung* (Berlin) 15: 56-76.
258.) *1969b* Anton Wilhelm Amo, afrikanischer Student der Philosophie und Medizin in Halle, Wittenberg und Jena (1727-1740).
In: Kaiser, W.; C. Beierlein: Memorial Herrmann Boerhave (1668-1738). Halle (Saale).
259.) *1976* Anton Wilhelm Amo. Der schwarze Philosoph in Halle. Leipzig.
260.) *1977* Ein Afrikaner in Halle vor 250 Jahren?
In: Burchard Brentjes (Hg.), Der Beitrag der Völker Afrikas zur Weltkultur, Materialien einer wissenschaftlichen Arbeitstagung zu Ehren des Philosophen Anton Wilhelm Amo (1727-1747 in Halle, Wittenberg und Jena). Halle (Saale).
261.) *1996* Anton Wilhelm Amo zwischen Frühaufklärung und Pietismus.
In: G. Höpp (Hg.), Fremde Erfahrungen. Asiaten und Afrikaner in Deutschland, Österreich und in der Schweiz bis 1945. Berlin: 29-33.

BRENTJES, Burchard (Hg.)
262.) *1977* Der Beitrag der Völker Afrikas zur Weltkultur. Materialien einer wissenschaftlichen Arbeitstagung zu Ehren des Philosophen Anton Wilhelm Amo (1727-1747 in Halle, Wittenberg und Jena). Halle (Saale).

BRETTON, H. L.
263.) *1966* The Rise and Fall of Kwame Nkrumah. New York.

BRINCOURT, Jean
264.) *1966* "Les noirs africains dans un hôpital parisien."
In: *Esprit* 34, 348: 758-762.

BRINK, M; M. PASARIBOE (eds.)
265.) *1993* Asylum Seekers in the Netherlands. Amsterdam: Institut voor sociale Geografie, Universiteit van Amsterdam.

BROCKWAY, Fenner
266.) *1961* Commonwealth et panafricanisme.
In: *Présence africaine*, n°44, 4e trimestre.

BROOKS Jr., G. E.
267.) *1972* The Kru Mariner in the 19th Century: A Historical Compendium. Newark, DE.

BROWN, Colin
268.) *1984* Black and White Britain. The Third PSI Survey. London.

BROWN, Lloyd W.
269.) *1970* Review of ‚Letters of Sancho.'
In: *Eighteenth Century Studies* 3, 3: 414-19.

BROWN, Walton L.
270.) *1997* Democracy and Race in Brazil, Britain, and the United States: Reaching for Higher Ground. Lewiston et al.

BRUNSON, James E.; Runoko RASHIDI
271.) *1992* The Moors in Antiquity.
In: Ivan Van Sertima (ed.), Golden Age of the Moor. New Brunswick; London.

BÜCHNER, H. - J.
272.) *1986* Die temporäre Arbeitskräftewanderung nach Westeuropa als bestimmender Faktor für den gegenwärtigen Strukturwandel der Todrha- Oase (Südmarokko).
In: *Mainzer Geographische Studien* 18. Mainz.

BUCHRUCKER, Johannes; Rolf MEINHARDT (Hg.)
273.) *1991* Studium und Rückkehr. Probleme und Erfahrungen ausländischer Studierender in der Bundesrepublik. Frankfurt/ M.

BUCKINGHAM, James Silk
274.) *1855* The Autobiography of Sir James Silk Buckingham. London.

BUDINGER, M.; I. MENY et al.
275.) *1997* Psychische Auffälligkeiten und psychosoziale Problematik von minderjährigen unbegleiteten Flüchtlingen in Hamburg. Vortrag, gehalten auf dem XXV. Kongress der Deutschen Gesellschaft für Kinder- und Jugendpsychiatrie, Dresden, 20.-22.05.1997.

BUEZAS, T. C.
276.) *1992* Actitud de los Españoles ante otros pueblos y culturas.
In: C. Moro (ed.), Problemas culturales de la integración social de los inmigrantes: la nueva España y la cuenca sur del Mediterraneo. Madrid: Fundación Humansimo y Democracoa: 77-105.

Bureau for Refugees Programs
277.) *1990* World Refugee Report. Washington D.C.: United States Department of State.

BÜRKNER, Hans-Joachim
278.) *1988* Die erfolgreiche Rückkehr von Arbeitsemigranten- Traum oder Wirklichkeit?
In: *Die Erde* 119: 15-24.

BURNS, Alan (Sir)
279.) *1948* Colour Prejudice (With Particular Reference to the Relationship between Whites and Negroes. London.

BÜTTNER, Carl G.
280.) *1970* Anthologie aus der Suaheli-Literatur (Geschichte und Geschichten der Suaheli). Nelden.

CÀ DA MOSTO, Alvise da
281.) *1989* Reise nach Westafrika.
In: Gabriele Pögl; Rudolf Kroboth, Heinrich der Seefahrer oder die Suche nach Indien. Stuttgart; Wien: 43-160.

CAETANO, José M.
282.)　*1990*　As migracoes internacionais na Bacia Mediterranica.
In: *Economia e sociologia* 50: 85-105

CALVANESE, E.; E. PUGLIESE
283.)　*1986*　Immigrati e mercato del lavoro: note e riflessioni sulla preindagine in Campania.
In: *Studi Emigrazione* 23, 82/83: 419-428.
284.)　*1991*　La presenza straniera in Italia: il caso della Campania. Milan.

CALVARUSO, Claudio
285.)　*1987*　Illegal Immigration to Italy.
In: Organisation for Economic Co-operation and Development (ed.), The Future of Migration. Paris: 3056-314.

CAMBRIDGE, Alrick; Stephan FEUCHTWANG et al.
286.)　*1996*　Where You Belong. Government and Black Culture. Hampshire.

CAMMAERT, M. F.
287.)　*1986*　The Long Road from Nador to Brussels.
In: *International Migration* XXIV 3: 635-650.

CAMPANI, Giovanna
288.)　*1989*　Du tiers- monde à l'Italie: une nouvelle immigration féminine.
In: *REMI* 5, 2: 29-50.
289.)　*1993*　Immigration and Racism in Southern Europe: the Italian Case.
In: *Ethnic and Racial Studies* 16: 507-36.

CAMPT, Tina M.
290.)　*1993*　"Afro-German Cutural Identity and the Politics of Positionality: Contests and Contexts in the Formation of a German Ethnic Identity".
In: *New German Critique* 58: 109-26.
291.)　*1996*　"Afro-German": The Convergence of Race, Sexuality and Gender in the Formation of a German Ethnic Identity, 1919-1960. Cornell University. (PhD thesis).

CAMPT, Tina; Pascal GROSSE; Yara-Colette LEMKE-MUNIZ DE FARIA
292.)　*1998*　"Blacks, Germans and the Politics of Imperial Imagination, 1920-1960".
In: Friedrichsmeyer, Sara et al. (ed.), The Imperialist Imagination: German Colonialism and Its Legacy. Ann Arbor: 205-29.

CAMPUS, Aurora
293.)　*1989a*　Immigrazione straniera e mercato del lavoro in Lombardia. Analisi delle regolarizzazioni ai sensi della Legge 943/86.
In: *Studi Emigrazione* 26, 95: 308-337.
294.)　*1989b*　„Ambulanti stranieri a Milano".
In: Demetrio, V.; V. Melotti; L. Ziglio (eds.), Lontano da dove, La nuova immigrazione e le sue culture. Milan: 250-66.

CAMPUS, Aurora;. L. PERRONE
295.)　*1990*　„Senegalesi e Marocchini: insertimento nel mercato del lavoro e progretti migratori a confronto".
In: *Studi Emigrazione* 27, 98: 191-220.

CANDAPPA, Mano; Danièle JOLY
296.)　*1994*　Local Authorities, Ethnic Minorities and 'Pluralist Integration.' Warwick.

CAPPARUCCI, M.
297.)　*1988*　Fasi di accumulazione e flussi migratori: Italia e terzo mundo.
In: *Studi Emigrazione* 23, 91/92: 570-579.

CARCHEDI, Francesco
298.)　*1986*　Alcune modifiche sopravvenute nelle principali communità di immigrati presenti a Roma.
In: *Studi Emigrazione* 23, 82/ 83: 410-413.

CAREW, Jan
299.) *1992* Moorish Culture-Bringers: Bearers of Enlightenment.
In: Ivan Van Sertima (ed.), Golden Age of the Moor. New Brunswick, London.

CAREY, A. T.
300.) *1956* Colonial Studies: A Study of the Social Adaption of Colonial Students in London. London.

CARITA, Cristina; Vasco ROSENDO
301.) *1993* Associativismo em Portugal. Estudo de Caso da Associação cabo-verdiana em Lisboa.
In: *Sociologia-Problemas e Práticas* 13: 135-152.

CARITAS ESPANOLA
302.) *1987* Los immigrantes en Espana.
In : *Documentación Social, Revista de Estudios Sociales y Sociologia Aplicada* 66.

CARLI, P. Dionysio
303.) *1693* Der nach Venedig überbrachte Mohr. Augsburg.

CARREIRA, António
304.) *1983* Migrações nas ilhas de cabo verde. Instituto cabo- verdiano do livro. o.O.

CARTER, Bob; Clive HARRIS ;Shirley JOSHI
305.) *1987* The 1951-55 Conservative Government and the Racialisation of Black Immigration. Warwick.

CARTER, Donald Martin
306.) *1991* „Una confraternita musulmana in emigrazione: i Murid del Senegal".
In: *Religioni e Società* 12, VI: 60-78.
307.) *1992* „La formazione di una dahira senegalese a Torino."
In: IHRES, Uguali e diversi. Il mondo culturale, le reti di rapporti, i lavori degli immigrati non europei a Torino. Turin: 109-31.
308.) *1995* Inivsible Cities: Touba Turin, Senegalese Transnational Migrants in Norhtern Italy. Minneapolis.
309.) *1997* States of Grace: Senegalese in Italy and the New European Immigration. Minneapolis, MN.

CASTLES, Stephen et al.
310.) *1984* Here for Good. Western Europe's New Ethnic Minorities. London; Sydney.

CASTLES, Stephen; Godula KOSACK
311.) *1985* Immigrant Workers and Class Structure in Europe. Oxford.

CATANI, Maurizio
312.) *1990* Des familles maghrébines dans une ville nouvelle de la région parisienne.
In: *espaces et sociétés* 56: 51-74.

CECHINI, C.
313.) *1990* „Dallo smarrimento all'orentamento: una ricerca antropologica tra gli extracomunitari a Perugia".
In: *Studi Emigrazione* 27, juin: 221-30.

CEDETIM
314.) *1973* L'immigration en France. Paris.

CENTRE DE DEVELOPPEMENT DE L'ORGANISATION DE COOPERATION ET DE DEVELOPPMENT ECONOMIQUES (éd.)
315.) *1975* Migrations et transfert de technologie. Etudes des cas: Algérie, Maroc, Tunisie, et France. Paris.

CENTRE DE RECHERCHE ET D'ETUDES SUR LES SOCIÉTÉS MÉDITERRAINÉES
316.) *1983* Maghrébins en France, emigrés ou immigrés. Paris.

Centro di Informazione, Documentazione e Iniziativa per lo Sviluppo (CIDIS)
317.) *1997* Immigrazione e regolarizziono. (version non- définitive). Caserta.

CENTRO STUDI INVESTIMENTI SOCIALI (Hg.)
318.) *1990* Mouvements migratoires en Italie. Rom. (Rapport SOPEMI).

CESARI, J.
319.) *1997* Transnational Networks Between Europe and North- Africa: A Risk for the Nation- States?, XVIIth World Congress of the International Political Science Association, 17-21 August 1997, Seoul.

CESARI, J. (éd.)
320.) *1996* Réseaux transnationaux entre l'Europe et le Maghreb. Rapport de recherche pour la Commission des Communautés Européennes. Direction Générale des Relations Extérieure. (D.G.1), 2 vol. Bruxelles.
321.) *1997* Etre musulman en France aujourd'hui.

CHAFFARD, Georges
322.) *1960* Les travailleurs d'Afrique noire en France.
In : *Chronique de la Communauté* 4, Mars: 10-20.

CHAKER,
323.) *1995* Langue berbère et situation d'immigration.
In: L'immigration maghrébine en Europe: Aspects linguistiques, pédagogiques et sociaux. (Publications de l'Université de Tilburg). Tilburg: 90-94.

CHALMERS, John A.
324.) *1877* Tiyo Soga, a Page of South African Mission Work. Edinburgh.

CHANDLER, Wayne B.
325.) *1992* The Moor- Light of Europe's Dark Age.
In: Ivan Van Sertima (ed.), Golden Age of the Moor. New Brunswick; London.

CHAREF, Mehdi
326.) *1983* Le thé au harem d'Archi Achmède. Paris.

CHAREF, Mohammed
327.) *1983* L'émigration vers l'étranger et l'utilisation des transferts monetaires dans la province de Marrakech.
In: *Hommes et Migrations* 1057: 8-14.
328.) *1986* L'émigration internationale marocaine et son rôle dans la production du logement au Maroc: une approche sociale, écononimque et spatiale. Poitiers.(Thése de 3ième cycle).
329.) *1999* La circulation migratoire marocaine: un pont entre deux rives. Agadir.

CHATELAIN, Abel
330.) *1956* Les algériens dans la région parisienne.
In : *Bulletin de la Société d'Études Historiques, Géographiques et Scientifiques*, 91-92, Apr.-Sept.: 23-29. Paris.
331.) *1976* Les migrants temporaires en France de 1800 à 1914. (2 vols.) Lille.

CHECA, F.
332.) *1995* Migración, riesgo y beneficios sol inmigrantes africanos en la provincia de Almería.
In: *Demófilo - Revista de Cultura Tradicional de Andalucía* 15: 103-134.

CHECA, F. (ed.)
333.) *1998* Africanos en la otra orilla: trabajo, cultura e integración en la Espana mediterránea. Barcelona.

CHESNAIS, Jean-Claude
334.) *1990* L'évolution démographique, facteur de déséquilibre international. La fracture méditérranéenne.
In: *Revue des sciences morales et politiques* 145, 4: 375-385.

CHIANI, V.
335.) *1989* „ Caratteristiche dell'immigrazione extracomunitaria nelle province di Forli e Ravenna.

In: E. Minardi (ed.), Economie, locali e immigrati extracomunitari in Emilia-Romagna. Milan: 199-221.

CHICO-KALEU MUYEMBA, Jean- Jérôme
336.) *1993* Deutschland vereint- wie ist die Situation der Schwarzafrikaner im vereinten Berlin? Fachhochschule für Verwaltung und Rechtspflege.
In: *Beiträge aus dem FB 1*, Heft 23. Berlin.
337.) *1995* Ein Schwarzafrikaner in brandenburgischen Schulen- Eindrücke und Anregungen.
In: *PLIB-Werkstatthefte*, 20 (Interkulturelle Erziehung).
338.) *1997* Afro- deutsche Jugendliche und Heranwachsende zwischen Identitätsfindung und Heimatphantasien. Fachhochschule für Verwaltung und Rechtspflege.
In: *Beiträge aus dem FB 1*, Heft 53. Berlin.

CHIMELLI, Rudolph
339.) *1989* Über den Todespfad ins Glück. Auf welchen Wegen illegale Einwanderer nach Europa gelangen.
In: *Süddeutsche Zeitung* 13.10.1992: 19.

CHIRWA, W. M.
340.) *1990* The Establishment of Cherubim and Seraphim Church in the United Kingdom and Overseas. (C. and S. Church London). London.

CHODKIEWICZ, Jean-Luc
341.) *1973* L'Aubrac à Paris. Ecologie d'une migration culturelle à Paris.
In: *L'Aubrac* 4: 203-267. Paris.

CHOZAS, J.
342.) *1993* Migration in Spain: Recent Developments. Paper presented at the Conference on Migration and International Cooperation. OECD, Paris. (mimeographed).

CHRISTOFFELS, Hildegard
343.) *1964* Das unverhüllte Gesicht. Begegnung mit afrikanischen Studenten und Bericht über eine Reise zu ihren Müttern. Frankfurt/ M.

Churches' Commission for Racial Justice, Wyndham Place Trust
344.) *1974* A Positive Approach to Migration and Refugees in the European Union. London.
345.) *1995* The Churches, Immigration, Law and Sanctuary. London.

COCCHI, Giovanni
346.) *1989* Stranieri in Italia. Caratteri e tendenze dell'immigrazione dai paesi extracommunitari. Bologna.

CODJOE, Frank Kwaw
347.) *1997* Die Lage der Afrikaner in Hamburg. Hamburg.

COHEN, P.
348.) *1976* Race Relations as a Sociological Issue.
In: Bowker, G.; J. Carrier (eds.): Race and Ethnic Relations. New York.

COHEN, Robin
349.) *1994* Frontiers of Identity: the British and the Others. London; New York.
350.) *1997* Global Diasporas. An Introduction. London.

COHEN, Robin (ed.)
351.) *1995* The Cambridge Survey of World Migration. Cambridge.

COHEN, William B.
352.) *1980* The French Encounter with Africans: White Response to Blacks, 1530-1880. Bloomington; London.

COLE, Jeffrey
353.) *1997* The New Racism in Europe: A Sicilian Ethnography. Cambridge.

COLE, Robert W.
354.) *1960* Kossoh Town Boy. London.

Colectivo Ioé
355.) *1987* Los immigrantes en España.
In: *Documentación Social. Revista de Estudios Sociales y de Sociología aplicada* no.66 (janvier-mars 1987).

COLEMAN, D. A.
356.) *1987* UK Statistics on Immigration: Development and Limitations.
In: *International Migration Review* 21: 1138-69.

COLERIDGE-TAYLOR, Avril
357.) *1979* The Heritage of Samuel Coleridge- Taylor. London.

COLERIDGE-TAYLOR, Jessie
358.) *1943* A Memory Sketch: Personal Reminiscences of My Husband, Genius and Musician. Bognor Regis.

COLLICELLI, Carla; Simonetta DI CORI
359.) *1986* L'immigrazione straniera in Italia nel contesto delle problematiche migratorie internazionali.
In: *Studi Emigrazione* 23, 82/83: 429-36.
360.) *1987* Die Fremdeneinwanderung in Italien im Kontext der internationalen Wanderproblematik.
In: *Ausländerkinder* 32: 7-19.

COLLINS,
361.) *1957* Coloured Minorities in Great Britain. London.

COMHAIRE, J.
362.) *1956* Some Notes on Africans in Muslim History.
In: *The Muslim World, A Quarterly Journal of Islamic Study and of Christian Interpretation among Muslims* 46: 336-344.

COMISIÓN EPSICOPAL DE MIGRACIÓN
363.) *1981* El trabajador extranjero en Espana.
In: *Revista de Fomento Social* 36 143: 327-344.

COMMICHAU, Imke
364.) *1990* Ausländer in der DDR. Die ungeliebte Minderheit.
In: *Deutschland Archiv* 23, 9: 1432-1439.

COMMISSION OF THE EUROPEAN COMMUNITIES
365.) *1980* Comparative Survey of Conditions and Procedures for Admission of Third Country Workers for Employment in the Member States. Directorate-General, Employment and Social Affairs. Brussels.

CONDE, J.
366.) *1984* Socio-economic Survey of Malian, Mauretanian and Senegalese Immigrants Resident in France.
In: *International Migration*, 22, 2: 144-151.
367.) *o.J.* Study of Illegal Immigrants through a Socio-economic Survey of Malian, Mauritanian and Senegalese Migrants Resident in France. ICM Sixth Seminar on Adaptation and Integration of Immigrants: Undocumented Migrants or Migrants in an Irregular Situation. Geneva. (Background Paper).

CONDE, J.; Pap Syr DIAGNE
368.) *1983* Sahel sur Seine. es rives d'un fleuve à l'autre.
In: *Hommes et Migrations* 1067: 4-17.
369.) *1986* South- North International Migrations. A Case Study: Malian, Mauritanian and Senegalese Migrants from Senegal River Valley to France. Paris.

Consiglio Nazionale dell'Economia e del Lavoro
370.) *1991* Immigrati e società italiana. Rom

CONTRERAS, J.
371.) *1994* Los retos de la inmigracion : racismo y pluriculturalidad. Madrid.

COOMBES, Annie
372.) *1991* ‚Art and Representation of Africans', paper given to the conference on ‚The African Presence in the U.K.', Africa Centre, Covent Garden, London.

COPIN, Noel
373.) *1962* L'Afrique noire au coeur de Paris.
In: *La Croix* Dec. 12, 13, 14.

CORDEIRO, A.
374.) *1970* Eléments sur la condition des travailleurs immigrés algériens . D'après une enquête réalisée à Grenoble (mai-juin 1969), Université des Sciences Sociales de Grenoble, Institut de Recherche Economique et de Planification. Grenoble.

CORLISS, S.
375.) *1990* Asylum State Responsibility for the Hostile Acts of Foreign Exiles.
In: *International Journal of Refugee Law* 2, 2: 181-210.

CORNELIUS, W. A.; P. L. MARTIN; J. F. HOLLIFIELD (eds.)
376.) *1994* Controlling Immigration. A Global Perspective. Stanford.

CORREIA, Esmeralda Pinto
377.) *1992* Identidade e confronto: contributo para o estudos das representaçãos sociais identitárias dos cabo-verdianos. (unveröffentl. Manuskript).

CORREIA, Virgílio
378.) *1992* Da compreensão dos resultados escolares das crianças cabo-verdianas.
In: Cristina Simões et al. (ed.), Documentos do Encontro "A communidade africana em Portugal." Lissabon.

COSTA, Alfredo Bruto da ; Manuel PIMENTA (eds.)
379.) *1991* Minorias émicas pobres em Lisboa. Centro de Reflexão Cristã. Lissabon.

COSTA, V.
380.) *1990* „Dalle rive del fiume Senegal a quelle del Tevere".
In: C. Cocchi, (ed.), Stranieri in Italia. Istituto Cattaneo. Bologna: 81-90.
381.) *1991* „Una pensione senegalese".
In: R.de Angelis (ed.), Ghetti etnici e tensioni di vita. Rom.

COSTA-LASCOUX, Jacqueline
382.) *1986a* La politique française de l'immigration (textes législatifs et réglemnetaires) (1981-1986).
In: *REMI* 2, 1: 205-240.
383.) *1986b* Politiques d'admission des étrangers dans plusieurs états européens.
In: *REMI* 2, 1:179-204.
384.) *1987a* Insertion sociale des réfugés et demandeurs d'asile en Europe.
In: *REMI* 3, 3: 151-168.
385.) *1987b* Réfugiés et demandeurs d'asile en Europe.
In: *REMI* 3, 1/2: 239-266.
386.) *1989* L'Europe des politiques migratoires: France, Italie, Pays-Bas, RFA.
In: *REMI* 5, 2: 161ff.
387.) *1991* L'espace Schengen.
In: *REMI* 7, 2: 163-168.

COSTA-LASCOUX, Jacqueline; Emile TEMIME, (éds.)
388.) *1983* Les algeriens en France. Genèse et devenir d'une migration. Paris

COSTA-LASCOUX, Jacqueline; C. W. de WENDEN- DIDIER
389.) *1980* Les travailleurs immigrés clandestins en France: approche politique et institutionelle.

In: *Studi Emigrazione* 18, 63: 349-371.

COSTANZO, Angelo
390.) *1987* Surprizing Narrative: Olaudah Equiano and the Beginning of Black Autobiography. New York.

COSTES, Laurence
391.) *1988* Les petits commerçants du métro parisien.
In: *REMI* 4, 3: 57-72.

COUNCIL OF EUROPE (ed.)
392.) *1990* Report of North African Migrants in Europe. Straßburg.

COZAR VALERO, M. E.
393.) o.J. La inmigración africana en Almería. (Ms.) (o.O.)

CRABBE, Azu
394.) *1971* John Mensah Sarbah 1864-1910. Accra.

CRAMARD, V.
395.) *1992* L'immigration soninké en France: logement, espace domestique, espace social et vie quotidienne. Univ. R. Descartes, Paris V. Paris. (Maîtrise de sociologie).

CRISP, Jeff
396.) *1983* Voluntary Repatriation Programmes for African Refugees: A Critical Examination. (Refugees Studies Programme, Queen Elizabeth House, British Refugee Council.) Oxford.

CROMWELL, Adelaide
397.) *1986* An African Victorian Feminist. The Life and Times of Adelaide Smith Casely Hayford 1868-1960. London.

CROSS, Gary S.
398.) *1977* The Structure of Labor Immigration in France between the Wars. Madison. (unpubl. dissertation).
399.) *1983* Immigrant Workers in Industrial France: The Making of a New Working Class. Philadelphia.

CROSS, Malcom
400.) *1987* A Cause for Concern: Ethnic Minority Youth and Vocational Training Policy. Warwick.

CROSS, Malcom; Mark JOHNSON; Brian COX
401.) *1988* Black Welfare and Local Government: Section 11 and Social Services Departments. Warwick.

CRUSENSTOLPE, Magnus Jakob von
402.) *1842-44* Der Mohr oder das Haus Holsten- Gottorp in Schweden. Berlin.

CU, Nguyen Trong
403.) *1992* Zur Situation der Ausländer in den neuen Bundesländern.
In: *Zeitschrift für Ausländerrecht und Ausländerpolitik* 1 :20-24.

CUGOANO, Ottobah
404.) *1787* Thoughts and Sentiments on the Evil and Wicked Traffic of the Slavery and Commerce of the Human Species. London.

CUMMING, Duncan
405.) *1987* The Gentleman Savage. The Life of Mansfield Parkyns 1823-1894. London.

CURTIN, Philip D.
406.) *1964(73)* The Image of Africa, British Ideas and Action, 1780-1850. 2 Bde. Madison, Wisconsin.
407.) *1968* Africa Remembered: Narratives by West Africans From the Era of the Slave Trade. Madison, Wisconsin.
408.) *1972a* African Reactions in Perspective.

In: ders. (ed.), Africa and the West. Intellectual Responses to European Culture. New York.
409.) *1972b* Africa and the West: Intellectual Responses to European Culture. Madison, Wis.

DABÈNE, L.
410.) *1990* Le parler bilingue issu de l'immigration en France.
In: R. Jakobson, (ed.), Code-Switching as a Worldwide Phenomenon. New York; Berne; Paris: 159-168.

DABYDEEN, David
411.) *1985* Hogarth's Blacks: Images of Blacks in 18th Century English Art. Mundelstrup Dk.

DABYDEEN, David (ed.)
412.) *1986* The Black Presence in English Literature. Manchester.

DADIE, B.
413.) *1959* Un nègre à Paris. Paris.
414.) *1971(56)* Climbie. (African Writer Series Nr. 87). London; Ibadan.
415.) *1987 (72)* Le page noir: contes africaines. Paris.

DAF, A. T.
416.) *1993* L'immigration des Toucouleurs en banlieue parisienne depuis la seconde guerre mondiale: l'exemple de Sarcelles. Univ.Paris Nord, Paris XIII. Paris. (Maîtrise d'histoire).

DAFFA, Paulos
417.) *1995* Die äthiopische und eritreische Minderheit.
In: Schmalz-Jacobsen, Cornelia; Georg Hansen (Hg.), Ethnische Minderheiten in der Bundesrepublik Deutschland. München.

DAHLBERG, Heribert Freyherr von
418.) *1786 (89)* Oronooko, ein Trauerspiel in fünf Auszügen. Mannheim.

DAIDE, H.
419.) *1989* La migration internationale de travail et son rôle dans l'urbanisation de deux petites villes du sud ouest marocain: Tiznit et Ouled Teïma. Poitiers. (Thèse de troisième cycle).

DANCKWORTT, D.
420.) *1959* Probleme der Anpassung an eine fremde Kultur - eine sozialpsychologische Analyse der Auslandsausbildung.
In: Carl Duisberg Gesellschaft (Hg.): Materialien zur Entwicklungshilfe. Köln; Hamburg.

DANIELL, David
421.) *1985* Buchan and the Black General.
In: D. Dabydeen (ed.), The Black Presence in English Literature. Manchester.

DARKO, Amma
422.) *1988* Der verkaufte Traum. München.
423.) *1995* Beyond the Horizon.

DASSETO, Felice
424.) *1990* Politique d'intégration et Islam en Belgique.
In: *REMI* 6, 2: 107-122.

DAUM, Christophe
425.) *1993a* Immigration et développement.
In: *Hommes et Migrations* 1165, mai: 6-10.
426.) *1993b* Quand les immigrés construisent leur pays.
In: *Hommes et Migrations* 1165, mai: 13-17.
427.) *1995* La contribution des immigrés au développement de leur pays: les cas des maliens de France. Centre de développement de l'OCDE. Paris.
428.) *1996* Immigrés, acteurs du développement: une médiation sur deux espaces.
In: *Hommes et Migrations* 1206: 31-42.

429.) *1997* La coopération, alibi de l'exclusion des immigrés? (l'exemple malien).
In: Fassin Morice Quiminal (dir.), Les lois de l'inhospitalité. La Découverte.
430.) *1998* Les associations de maliens en France. Migration, développement et citoyenneté. Paris.

DAUM, Christophe et al.
431.) *1992* L'immigration ouest- africaine en France: une dynamique nouvelle dans la vallée du fleuve Sénégal. Inst. Panos. Paris.(Rapport final de l'étude migrants et développement).

DAVIDSON, Basil
432.) *1964* The African Past: Chronicles From Antiquitiy to Modern Times. London.
433.) *1973* Black Star. A View of the Life and Times of Kwame Nkrumah. London.

DAVIES, J. et al.
434.) *1996* Discounted Voices: Homelessness amongst Young Black and Minority Ethnic People in England. Leeds.

DAVIS, Lenwood G.
435.) *1973* Pan- Africanism: An Extensive Bibliography, (Part II).
In: *Geneve Afrique* 12, 1: 601-621.

DAVISON, R. B.
436.) *1966* Black British. (Institute of Race Relations.) London.

DEAKIN, Nicholas
437.) *1970* Colour, Citizenship and British Society. London.

DEBRUNNER, H. W.
438.) *1970* Waren wir schon immer so? Johann Friedrich Blumenbach und die ‚Négresse von Yverdun'. Ein Wendepunkt in der Rassentheorie.
In: *Sonntagsblatt (Basler Nachrichten)*, Sonntag, 3. Mai 1970, Nr.179: 21f.
439.) *1979* Presence and Prestige. Africans in Europe. A History of Africans in Europe before 1918. Basel.
440.) *1982* Eine Afrikanerin in Riehen. Susanna Luise Anjama 1846-1882.
In: z'Rieche 1982. Ein heimatliches Jahrbuch. Riehen: 32-47.
441.) *1996* Anjama und ihre Schwestern. Zur Geschichte von Afrikanerinnen in der Schweiz.
In: G. Höpp (Hg.), Fremde Erfahrungen. Asiaten und Afrikaner in Deutschland, Österreich und in der Schweiz bis 1945. Berlin: 275-287.

DEBUSMANN, Robert; Janos RIESZS (Hg.)
442.) *1995* Kolonialausstellungen- Begegnungen mit Afrika. Frankfurt/ M.

DECRAENE, Philippe
443.) *1970* Le panafricanisme, 4e éd. *Que sais-je ?* Paris.

DÉJEUX, Jean
444.) *1989* Image de l'étrangère: Unions mixtes franco- magrébine. Paris.

DeLEY, M.
445.) *1983* French Immigration Policy Since May 1981. Champaign- Urbana.

DELIUS, Hans
446.) *1916* Die farbigen Hilfsvölker der Engländer und Franzosen. Berlin.

DELL'ATTI, A.
447.) *1988* Aspetti socio- economici della presenza eritrea nell'area metropolitana barese.
In: *Studi Emigrazione* 25, 91/92: 435-441.

DELVILLE, Philippe Lavigne
448.) *1990* Les projets de développement initiés par les migrants.
In: *Hommes et Migrations* 1131: 25-27.

DENES, Jean-Louis
449.) *1982* Les heures noires des marchands ambulants africains.
In: *Hommes et Migrations* 1034: 23-32.

DENG D. AKOL, Ruay
450.) *o.D.* Root Causes of Refugees Phenomena in Africa. (Paper prepared for Seminar on refugees, 11-14 September 1982, Khartoum). Khartoum.

DENNIS, F.
451.) *1988* Behind the Frontlines: Journey Into Afro- Britain. London.

DER SPIEGEL
452.) *1991* Auf Kante. SWAPO- Kinder, die in der DDR aufwuchsen, kehrten in ihre Heimat zurück- zu den deutschen Gastfamilien.
In: *Der Spiegel* 2: 130-131.

DETTMAR, Erika
453.) *1987* Afrikaner und Hamburg- Bericht aus einer Feldforschung.
In: Kuntz, Andreas; Beatrix Pfleiderer (Hg.), Fremdheit und Migration. Berlin; Hamburg.
454.) *1989* Rassismus, Vorurteile, Kommunikation: afrikanisch-europäische Begegnung in Hamburg. Berlin.
455.) *1991* Der Blick kehrt um. Die Neuschaffung des Eigenen und des Fremden im Verlauf der afrikanisch- europäischen Begegnung.
In: *Kea* 2, Der verkehrte Blick.

DEUTSCHLAND, Ruth
456.) *1986* African Trade Unionists in Solidarity with Ernst Thälmann.
In: *Beiträge zur Geschichte der Arbeiterbewegung* 28, 2: 248-250.

DeWENDEN, W. C.
457.) *1978* Les immigrés dans la cité. (Ministère de Travail). Paris.

DEWITTE, Philippe
458.) *1985* Les mouvements nègres en France, 1919-1939. Paris.
459.) *1990* Regards blancs et colères noires.
In: *Hommes et Migrations* 1131: 3-14.
460.) *1993* 1945-60, le regard des étudiants africains sur la France.
In: *Hommes et Migrations*, 1175, La mémoire retrouvée: 30-34.

DEWITTE, Philippe (coord.)
461.) *1990a* Dossier 'Les africains noirs en France. Aspects socio- économiques et conditions de vie.'
In: *Hommes et Migrations* 1131, avril.
462.) *1990b* Dossier 'Les africains noirs en France.'
In: La vie culturelle. *Hommes et Migrations* 1132, mai.

DIABY, Kalilou
463.) *1992* Afrikanerinnen und Afrikaner in Hamburg. Hamburg.

DIAGANA, Y.
464.) *1992* „Le foyer: habitat principal des africains de l'ouest en France".
In: *Sooninkara* 6-7: 8-12.

Diakonisches Werk der EKD (Hg.)
465.) *1988* Flüchtlingsfrauen. Stuttgart: Diakonisches Werk, Referat „Hilfen für Flüchtlinge".

DIALLO, Aly
466.) *1987* Die Täuschung. Frankurt/M.

DIALLO, M.; I. SOW
467.) *1993* Le viellissement dans l'immigration: étude du cas malien et sénégalais. Univ.Paris VIII, Saint-Denis, (DESS Responsable d'Action Educatives et Sociales dans l'Espace Urbain). Paris.

DIARRA, H.
468.) *1993* La parole aux associations de développements.
In: *Hommes et Migrations* 1165, mai: 11-12.

DIARRA, Souleymane
469.) *1969* Les travailleurs africains noirs en France.
In: *Bulletin de l'I.F.A.N.*, vol.31, série B: 884-1004.

DI COMITE, Luigi
470.) *1986* L'immigration tunisienne en Italie: quelques données censitaires.
In: *Studi Emigrazione* 23, 82/ 83: 217-227.

DIDIERLAURENT, M.
471.) *1994* L'émigration de la région du fleuve Sénégal.
In: *Mouvements* 3: 28-30.

DIGBY, Peter K. A.
472.) *1993* Pyramids and Poppies: the 1st SA Infantry in Lybia, France and Flandes 1915-1919. Rivonia.

DINES, Mary
473.) *1991* African Refugees in the United Kingdom. (Paper given to the conference on 'The African Presence in the UK', Africa Centre). London.

DIOP, A. Moustapha
474.) *1985* La diaspora manjak en France. Historique et organisation des caisses de villages.
In: *Présence Africaine* 133/ 134: 203-213.
475.) *1990a* Les chrétiens négro- africains immigrés en France.
In: *Migrants- Formations*, 82 septembre.
476.) *1990b* Un aperçu de l'islam négro-africain en France.
In: *Migrants- Formations* ,82 septembre: 77-81.
477.) *1990c* L'emigration murid en Europe.
In: *Hommes et Migrations* 1131, avril: 21-24.
478.) *1990d* Le mouvement associatif négro-africain.
In: *Hommes et Migrations* 1131, avril: 15-20.
479.) *1993* L'immigration ouest-africaine en Europe.
In: *Etudes Internationales* XXIV, mars: 111- 124.
480.) *1994* Les associations islamiqes sénégalaises en France.
In: *Islam et Sociétés* 8: 7-15.

DIOP, A. Moustapha; ANTOINE, Michel
481.) *1989* Les jeunes africains en France. Paris.

DIOP, A. Moustapha; Riva KASTORYANO
482.) *1991* Le mouvement associatif islamique en Ile- de- France.
In: *REMI* 3: 91-117.

DIRIE, Waris
483.) *1998* Desert Flower. New York.

DOEGEN, Wilhelm (Hg.)
484.) *1925* Unter fremden Völkern. Eine neue Völkerkunde. Berlin

DOMINGUEZ ORTIZ, Antonio
485.) *1952* La esclavitud en Castilla durante la edad moderna. Madrid.

DOMINIK, Katja; Marc JÜNEMANN et al. (Hg.)
486.) *1999* Angeworben- eingewandert- abgeschoben. Ein anderer Blick auf die Einwanderungsgesellschaft Bundesrepublik Deutschland. Münster.

DOMOKOS, P. P.
487.) *1968* Der Moriskentanz in Europa und in der ungarischen Tradition.
In: *Studia Musicologica* 10: 229-259. Budapest.

DONDERS, Joseph; Simon E. SMITH (eds.)
488.) *o.D.* Refugees are People: An Action Report on the Refugees in Africa. Eldoret.

DOOH-BUNYA, Lydie
489.) *1990* Les conditions des femmes noires en France.

In: *Hommes et Migrations* 1131: 43-48.

DORSCH, Hauke
490.) *1994* Calor Humano-Schwarze Musik und die Farben der Heimat, Interviews mit „femden" Künstlern.
In : *Infomagazin- Zeitschrift für Ökologie und 'Vierte Welt'*, Nr.9.
491.) *1997* Afrikanische Diaspora und Black Atlantic. Einführung in Geschichte und aktuelle Diskussion. (Interethnische Beziehungen und Kulturwandel, Bd. 32). Hamburg.
492.) *1998* Come we go chant down Babylon!-Musik und kulturelle Identität in der afrikanischen Diaspora.
In: *Infomagazin- Zeitschrift für Ökologie und 'Vierte Welt'*, Nr.13.

DRAKE, ST. C.
493.) *1982* Diaspora Studies and Pan- Africanism.
In: J. E. Harris (ed.), Global Dimensions of the African Diaspora. Washington D.C.

DRESCHER, Seymour
494.) *1989* Manumission in a Society Without Slave Law: Eighteenth-Century England.
In: *Slavery and Abolition* 10, 3.

DREYFUS, Simone (éd.)
495.) *1994* Les écrivains de la négritude et de la créolité: actes du 3e Colloque International Francophone du Canton de Payrac organisé par l'Association des Écrivains de Langue Francaise (A.D.E.L.F.) au Roc (Lot), du 2 au 5 septembre 1993. Paris.

DUBOIS, W. E. B.
496.) *1927* The Pan African Congresses: The Story of a Growing Movement.
In: *The Crisis*, October.

DUBRESSON, Alain
497.) *1975* Les travailleurs soninké et toucouleur dans l'ouest parisien.
In : *Cahiers de L'O.R.S.T.O.M.* 12, 2: 189-208. (Série sciences humaines).

DUEL, Yves
498.) *1983* La grande marée des clandestins.
In: *Hommes et Migrations* 1059: 28-31.

DUENBOSTEL, Jürgen
499.) *1991* "Sie gehören nicht zu uns." Die schwarzen Ossis von Namibia, 428 Kinder, die an der Schule ‚der Freundschaft' in der DDR aufwuchsen, haben Heimweh nach Deutschland.
In: *Die Zeit* 51: 81-82.

DUFFIELD, Ian
500.) *1971* Dusé Mohamed Ali and the Development of Pan Africanism, 1865-1945, 2 vols., University of Edinburgh. Edinburgh. (unpublished Ph.D.thesis).
501.) *1985* Martin Beck and Afro-Blacks in Colonial Australia.
In: *Journal of Australian Studies*, 16.
502.) *1987* Aspects of the Black Convict Contribution to Resistance Patterns in Eastern Australia.
In: *Australian Journal of Politics and History* 33, 1.
503.) *1994* Skilled Workers or Marginalized Poor? The African Population of the United Kingdom, 1812-52.
In: David Killingray (ed.), Africans in Britain. Illford, Essex.

DUFFILL, Mark B.
504.) *1990* New Light on the Lives of Thomas Jenkins and James Swanson.
In: *Transactions of the Harwick Archeological Society* (1990): 31-44.

DUIGAN, Peter
505.) *1965* Pan- Africanism: A Bibliographic Essay.
In: *African Forum* (Summer 1965): 105-107.

DUPRAZ, Louis
506.) *1961* Les passions de S. Maurice d'Agaune. Essais sur l'historicité de la tradition et contribution à l'étude de l'armée pré-dioclétienne (260-286) et des canonisations tardives de la fin du IVe Siècle.
In: *Studia Friburgensia* n.s. No.27. Fribourg.

DUSSAUZE-INGRAND, Elizabeth
507.) *1974* L'émigration sarakollaise vers la France.
In: Samir Amin (ed.), Modern Migrations in Western Africa. London: 239-247.

DUSTER, Alfreda (ed.)
508.) *1970* Crusade for Justice: the Autobiography of Ida B. Wells. Chicago.

EATON, Martin
509.) *o.D.* Foreign Residents and Illegal Immigrants. Os negros em Portugal.
In: *Ethnic and Racial Studies* 16, 3: 536-562.

EBELING, Herrmann
510.) *1954* „Zum Problem der deutschen Besatzungskinder".
In: *Bildung und Erziehung* 7/10: 612-30.

EBERMANN, Erwin
511.) *1996a* Afrikaner in Österreich. Fragmente einer Beziehung.
In: Walter Sauer, Das afrikanische Wien. Wien.
512.) *1996b* Afrikaner/innen in Wien und ihr Verhältnis zur hiesigen Bevölkerung. (Unpubl. Manuskript.)

EBERMANN, Erwin (Hg.)
513.) *2001* Afrikaner in Wien. Zwischen Omofuma und Integration. Münster; Hamburg.

EBIN, Victoria
514.) *1993* Les commerçants mourides à Marseille et à New York. Regards sur les stratégies d'implantation.
In: Grégoire, Emmanuel; Pascal Labazée, Grands commerçants d'Afrique de l'ouest. Logiques et pratiques d'un groupe d'hommes d'affaires contemporains. Paris.

ECHENBERG, Myron
515.) *1991* Colonial Conscripts: The Tirailleurs Sénégalais in French West Africa, 1857-1960. London.

ECONOMIST INTELLIGENCE UNIT (EIU)
516.) *1961* Studies on Immigration from the Commonwealth. London.

EDSMAN, Björn M.
517.) *1979* Lawyers in Gold Coast Politics c. 1900-1945: from Mensa Sarbah to J. B. Danquah. Uppsala et al.

EDWARD, F. G.
518.) *1908* George P. Bridgetower and the Kreutzer Sonata.
In: *The Musical Times* XLIX (1908): 302-8.

EDWARDS, Paul
519.) *1981* Black Personalities in Georgian Britain.
In: *History Today* 31: 39-43.
520.) *1989* A Descriptive List of the Manuscripts in the Cambridgeshire Public Record Office Relating to the Will of Gustavus Vassa (Olaudah Equiano).
In: *Research in African Literature* 20, 1, (Fall 1989).
521.) *1990a* The Early African Presence in the British Isles: An Inaugural Lecture on the Occasion of the Establishment of the Chair in English and African Literature at Edinburgh University. Edinburgh.
522.) *1990b* „Master" and „Father" in Equiano's Interesting Narrative.
In: *Slavery and Abolition* 11, 3: 217-27.

523.) *1994* Unreconciled Strivings and Ironic Strategies: Three Afro-British Authors of the Late Georgian Period.
In: David Killingray (ed.), Africans in Britain. Illford, Essex.

EDWARDS, Paul (ed.)
524.) *1968* Letters of the Late Ignatius Sancho. An African. London.
525.) *1969* The Life of Olaudah Equiano. 2 Bde. London.
526.) *1989* The Life of Olaudah Equiano, or Gustavus Vassa, the African, written by himself. (ed. with an Introduction by Paul Edwards). Harlow. (Orig.: London 1789).
527.) *1990* Merkwürdige Lebensgeschichte des Sklaven Olaudah Equiano, von ihm selbst veröffentlicht im Jahre 1789. Frankfurt/M.
528.) *1994* The Letters of Ignatius Sancho. Edinburgh.

EDWARDS, Paul; David DABYDEEN (eds.)
529.) *1991* Black Writers in Britain 1760-1800. Edinburgh.

EDWARDS, Paul; James WALVIN
530.) *1976* Africans in Britain, 1500-1800.
In: Kilson, M. L.; R. I. Rotberg (eds.), The African Diaspora. Interpretive Essays. Cambridge, Mass.; London.
531.) *1983* Black Personalities in the Era of the Slave Trade. London.

EISENSTADT, N.
532.) *1974* The Absorption of Immigrants. London.

EITINGER, I.; D. SCHWARTZ
533.) *1981* Strangers in the World. Bern.

EKD (Hg.)
534.) *1986* Flüchtlinge und Asylsuchende in unserem Land.
In: *EKD Texte*, 16. Hannover.

EKUÉ, Amélé Adamavi-Aho
535.) *1997* An den Ufern von Babylon saßen und weinten, wenn wir an Zion dachten... Wahrnehmungen zur religiösen Reinterpretation von Exil unter afrikanischen Christen und Christinnen in der Hamburger Diaspora.
In: Theodor Ahrens (Hg.), Zwischen Regionalität und Globalisierung. Studien zu Mission, Ökumene und Religion. Ammersbek.
536.) *1998* ... and How Can I Sing the Lord's Song in a Strange Land? A Reinterpretation of the Religious Experience of Women of the African Diaspora in Europe with Special Reference to Germany.
In: Gerrie Ter Haar (ed.), Strangers and Sojourners. Religious Communities in the Diaspora. Leuven.

ELBORGH, Katrin et al. (Hg.)
537.) *1991* Rückkehr- Ohne Aussicht auf Erfolg? Saarbrücken et al.

ELLIS, June (ed.)
538.) *1978* West African Families in Britain. A Meeting of Two Cultures. London.

EL- OUENNOUGHI, Mokrani Boumezrag; Katranji ABDERRAHMANE
539.) *1917* L'Islam dans l'armée française. Réplique à des mensonges. o.O.

ELSNER, Eva-Maria
540.) *1990* Zur Rechtsstellung der ausländischen Arbeitskräfte in der DDR.
In: *Zeitschrift für Ausländerrecht und Ausländerpolitik* 10, 4: 157-162.

ELWERT, G.
541.) *1982* Probleme der Ausländerintegration. Gesellschaftliche Integration durch Binnenintegration? Universität Bielefeld. Bielefeld.

EMMER, P. C. (ed.)
542.) *1992* European Expansion and Migration. Essays on the Inercontinental Migration from Africa, Asia and Europe. New York.

ENGLERT, Annette
543.) *1995* „Die Liebe kommt mit der Zeit". Interkulturelles Zusammenleben am Beispiel deutschghanaischer Ehen in der BRD. (Interethnische Beziehungen und Kulturwandel, Bd. 11). Münster.

ERDHEIM, M.
544.) *1982* Fremdkörper.
In: Vielvölkerstaat Bundesrepublik. Kursbuch 62'. Berlin: 49-58.

ESSER, H.
545.) *1980* Aspekte der Wanderungssoziologie. Assimilation und Integration von Wanderern, ethnischen Gruppen und Minderheiten. Darmstadt.

ESSIEN-UDOM, E. U.
546.) *1992* Black Nationalism. A Search for an Identity in America. Chicago. (Reprint).

ESTEVES, Ceu; Maria DO; Carlos LEONOR PALMA; Vasco FRANCO
547.) *2001* Portugal, pais de imigração. Lissabon.

European Consultation on Refugees and Exiles
548.) *1982* Seminar on African Refugees in Europe. London.

EVANS, Marjorie
549.) *1986* I Remember Coleridge: Recollections of Samuel Coleridge-Taylor (1875-1912).
In: Lotz, Rainer; Ian Pegg, Under the Imperial Carpet. Essays in Black History 1780-1950. Crawley.

EVIN, Claude
550.) *1991* Les immigrés, agents de la coopération Nord-Sud.
In: *Hommes et Migrations* 1142: 73-75.

EYFERTH, Klaus; Ursula BRANDT; Wolfgang HAWEL
551.) *1960* Farbige Kinder in Deutschland. Die Situation der Mischlingskinder und die Aufgaben ihrer Eingliederung. München.

FADAYOMI, T. O.
552.) *1996* Brain Drain and Brain Gain: Dimensions and Consequences.
In: Aderanti, A.; T. Hammar (Hg.), International Migration in and from Africa: Dimensions, Challenges and Prospects. Dakar: 143-160.

FADLOULLAH, A.
553.) *1993* Les flux migratoires des pays du sud vers l'europe occidentale.(International. Conseil de l'Europe Strasbourg.)
In: *Etudes Démographiques* 25: 17-58.

FALL, Mar
554.) *1986* Des africains noirs en France: Des tirailleurs sénégalais aux... Blacks. Paris.

FALL, Papa Demba
555.) *o.J.* Stratégies et implications fonctionnelles de la migration sénégalaise vers l'Italie. o.O.

FALORIN, A.
556.) *o.J.* England and the English: Personal Impressions During a Three Year's Sojourn. London.

FANON, Frantz
557.) *1969(61)*Die Verdammten dieser Erde. Reinbek.
558.) *1980(52)*Schwarze Haut, weiße Masken. Frankfurt/ M.

FANTINI, L.
559.) *1993* „Processi di confronto e integrazione culturale fra giovani immigrati senegalesi nelle sfera del tempo extra-lavorativo. Una ricerca nella comunità genovese. In: M. Delledonne (ed.) et al., Immigrazione in Europa: solidarietà e conflitto. Rom: 415-24.

FARAH, Ahmed
560.) *1991* Internationale Solidarität oder Ausbeutung? Ein Resümee der Beziehungen zwischen der DDR und Mosambik. In: *Querbrief* 4: 12.

FAS
561.) *1990* Dossier sur „Femmes et migrations: les africains noirs en France". In: *Cahiers de L'Immigration Africaine.*

FAVEREAU, Eric
562.) *1983* Espagne: trois mille gambiens en perdition en Catalogne. In: *Hommes et Migrations* 1051: 34-36.

FAWZI EL-SOLH, Camilla
563.) *1991* Somalis in London's East End: A Community Striving for Recognition. In: *New Community* 17, 4: 539-552.
564.) *1993* "Be True to Your Culture": Gender Tensions Among Somali Muslims in Britain. In: *Immigrants and Minorities* 12, 1: 21-46.

FAYMAN, M. KEIL,
565.) *1994* Les relais féminins de l'immigration africaine en Ile- de- France et en Haute Normandie. Paris.

FERHI,
566.) *1992* Les trara (ouest algérien), espace d'émigration. In: *Méditerranée* 76, 3- 4: 63-66.
567.) *1993a* L'effet de l'émigration internationale en pays d'origine: le cas des Trara (Algérie). Hammamet. (communication au colloque „ Les effets de la migration internationale de travail").
568.) *1993b* Retour au territoire et renouveau identitaire dans la montagne tellienne: le cas des Trara (Ouest algérien. Pau communication au congrès national des sociétés historiques et scientifiques les 25-29 octobre 1993).

FERREIRA, Manuel
569.) *1985* A aventura crioula. Lissabon.

FIEVET, M.
570.) *1990* Africains noirs résidant en foyers: leur expérience vécue et leurs attentes. (Rapport de l'étude menée ...á partir des souhaits éxprimés par les travailleurs Africains noirs résidants dans le 12 foyers gérés par l'AFTAM en Ile-de France).

FILE, Nigel; Chris POWER
571.) *1981* Black Settlers in Britain, 1555-1958. London.

FINDLEY, S.
572.) *1990a* Choosing Between African and French Destination: the Role of Family and Community Factors in Migration from the Senegal River Valley. In: *CERPOD,* working paper 5.
573.) *1990b* Sécheresse et migration dans la vallée du fleuve Sénégal: les femmes et les enfants dominent dans le nouveau type de migrant. In: *Pop Sahel* 16, avril.

FINDLEY, S. et al.
574.) *1988* From Seasonal Migration to International Migration: An Analysis of the Factors Affecting the Choices Made by Families of the Senegal River Valley. In: African Population Conference Dakar.(Vol.2). Liège: International Union for the Scientific Study of Population.

FIRLA, Monika

575.) *1993* Kants Bild von den Khoi- Khoin (Südafrika).
In: *Tribus* 43: 60-94.
576.) *1996a* Afrikanische Pauker und Trompeter am württembergischen Herzogshof im 17. und 18. Jahrhundert.
In: *Musik in Baden-Württemberg* 3: 11-41.
577.) *1996b* Angelo Soliman in der Wiener Gesellschaft vom 18.-20.Jahrhundert.
In: G. Höpp (Hg.), Fremde Erfahrungen. Asiaten und Afrikaner in Deutschland, Österreich und in der Schweiz bis 1945. Berlin: 69-97.
578.) *1996c* „Wir hatten wirklich keine Zeit, Heimweh zu haben." 20 Afrikaner als Missionsschüler von Pfarrer Johannes C. Binder in Wilhelmsdorf, Ochsenbach und Westheim von 1871 bis 1900.
In: Gutekunst, Eberhard; Werner Unseld (Hg.), Der ferne Nächste. Bilder der Mission- Mission der Bilder 1860-1920. Katalog zur Ausstellung im Landeskirchlichen Museum Ludwigsburg, vom 25.5 bis 10.11. 1996. Ludwigsburg: 37-44.
579.) *1997a* Darstellungen von Afrikanern im Württemberg des 17. und 18. Jahrhunderts.
In: *Tribus* 46: 57-80.
580.) *1997b* "Amicorum Carmina": Gelegenheitsgedichte anläßlich der Taufe des Mohren Christian Real am 17. Mai 1657 in Lindau am Bodensee.
In: *Etudes Germano- Africaines* 15: 135-144.
581.) *1997c* Das Ballett „Atlas oder Die Vier Theil der Welt." (Durlach 1681). Ein seltenes Libretto in der Württembergischen Landesbibliothek Stuttgart.
In: *Musik in Baden- Württemberg* 4: 133-1489.
582.) *1997d* Kants Thesen vom „Nationalcharakter" der Afrikaner, seine Quellen und der nicht vorhandene ‚Zeitgeist'.
In: *Mitteilungen des Instituts für Wissenschaft und Kunst* 52, 3: 7-17.
583.) *1997e* Samuel Urlsperger und zwei „Mohren" (Anonymus und Wilhelm Samson) am württembergischen Herzogshof.
In: *Blätter für württembergische Kirchengeschichte* 97: 83-97.
584.) *1999a* Die Afrikaner- Büsten im Rollettmuseum Baden bei Wien. Eine österreichisch-baden- württembergische Sammlung. Mit einem Gutachten zur Büste Angelo Solimans von Maria Teschler-Nicola, Georg E. Franzke und Vera M. F. Hammer.
In: *Tribus* 48: 67-103.
585.) *1999b* Kirchenbücher, Kirchenakten und Taufpredigten als Quellen zur Erforschung der Afrikanischen Diaspora im 17. und 18. Jahrhundert.
In: Preisler, Holger; Heidi Stein (Hg.), Annäherung an das Fremde. XXVI. dt. Orientalistentag von 25. bis 29.9.1995 in Leipzig. Stuttgart: 1611-1618.
586.) *1999c* Das Landeskirchliche Archiv Stuttgart und seine Quellen zur Erforschung der Afrikanischen Diaspora im Württemberg des 18. Jahrhunderts.
In: *Blätter für württembergische Kirchengeschichte* 99: 90-112.
587.) *2001* „Hof"-und andere „Mohren" als früheste Schicht des Eintreffens von Afrikanern in Deutschland.
In: Hartmut Heller (Hg.), „Neue Heimat Deutschland". Aspekte der Zuwanderung, Standortbildung, Akkulturation und emotionaler Bindung 1945-2000. Tagung, Nürnberg 22.-24. Juni 2000. Erlangen.
588.) (i.Vorbereitg) Der Afrikaner Carl von Commani (um 1694-1757). Bereiter, Kammermohr, Günstling und Goldmacher.

FIRLA, Monika; Herrmann FORKL

589.) *1995* Afrikaner und Africana am württembergischen Herzogshof im 17. Jahrhundert.
In: *Tribus* 44: 149-193.
590.) *1996* Neue Details zur Biographie von Angelo Soliman (um 1721-1796).
In: *Etudes Germano- Africaines* 14: 119-136.

FIRLA-FORKL, Monika

591.) *1994* Philosophie und Ethnographie. Kants Verhältnis zu Kultur und Geschichte Afrikas.

In: Cornelia Wunsch (Hg.), XXV. Deutscher Orientalistentag. Vorträge, München 8.-13. 1991. Stuttgart: 432-442.

FISCHER, Martina (Hg.)
592.) *1998* Fluchtpunkt Europa. Migration und Multikultur. Frankfurt/ M.

FITZGERALD, Marian
593.) *1986* Immigration and Race Relations. January- June 1986.
In: *New Community* 13, 2: 265-71.

FLEMING, Beatrice F.; Marion J. PRYDE
594.) *1946* Distinguished Negroes Abroad. Washington.

FLETT, Hazel
595.) *1977* Council Housing and the Location of Ethnic Minorities.
In: *Working Papers on Ethnic Relations* 5, Social Science Research Council.

FLETT, Hazel; Margaret PEAFORD
596.) *1977* The Effect of Slum Clearance on Multi- Occupation.
In: *Working Papers on Ethnic Relations* 4, Social Research Council.

FLINT, John E.
597.) *1983* Scandal at the Bristol Hotel: Some Thoughts on Racial Discrimination in Britain and in Western Africa and Its Relationship to the Planning of Decolonization.
In: *Journal of Imperial and Commonwealth History* XII, 1, Oct.: 74-93.

FLINT, John E.; Immanuel GEISS
598.) *1974* Africans Overseas 1790-1870.
In: John E. Flint (ed.), The Cambridge History of Africa, Bd. 5, Kap. 12. London.

FLOREALE, V.
599.) *1993* „Tra solidarieta e conflitto: Senegalesi a Catania".
In: M. Delledonne (ed). et al., Immigrazione in Europa: Solidarieta e conflitto. Rom: 491-501.

Flüchtlingsproblematik.
600.) In: *Internationales Afrikaforum* 25, 3: 251-278.

FLÜHLER-KREIS, Dione
601.) *1980* Die Darstellung des Mohren im Mittelalter. Zürich.

FLYNN, Don; Cathie LLOYD ; Barbara MARSHALL
602.) *1995* Immigration, Minorities, Foreigners: Problems-Solving in Britain and Germany. Warwick.

FONCK, Heinrich
603.) *1917* Farbige Hilfsvölker. Berlin.

Fondazione Giovanni Agnelli
604.) *1991* Italia, Europa e nouve immigrazioni. Turin.

FORGEY, Elise
605.) *1994* „Die große Negertrommel der kolonialen Werbung." Die deutsche Afrika-Schau 1935-43.
In: *Werkstatt Geschichte* 9. Hamburg.

FRANÇA, Luís (ed.)
606.) *1992* A communidade cabo-verdiana em Portugal. Lissabon.

FRANCAVILLA, Roberto
607.) *1994* Viaggio nella letteratura capoverdiana. Lecce.

FRANCHI, Annalisa
608.) *1991a* Die italienische Gesellschaft angesichts der neuen Einwanderungen aus den Entwicklungsländern.
In: *Geographie und Schule* 13, 13: 37-40.

609.) *1991b* From South to North. The European Political Tradition with Regard to New Immigration from the Third World.
In: *Sociologica e Ricerca Sociale* 12, 34: 49-65.

FRANCO, Cathy
610.) *1992* Mal logés en Ile- de- France, triste feuilleton.
In: *Hommes et Migrations* 1158: 38-44.

FRANCO SILVA, Alfonso
611.) *1979a* La esclavitud en Sevilla y su tierra a fines de la Edad Media. Sevilla.
612.) *1979b* Regesto documental sobre la esclavitud sevillana (1453-1513.) Sevilla.
613.) *1980* Los esclavos de Sevilla. Sevilla.
614.) *1992* La esclavitud en Andalucia 1450-1550. Granada.

FREEMAN, G.
615.) *1979* Immigrant Labour and Racial Conflict in Industrial Societies. The French and British Experience; 1945-1970. New Jersey.

FREMBGEN, G.
616.) *1984* Und wenn du dazu noch schwarz bist... Berichte schwarzer Frauen in der Bundesrepublik. Bremen.

French Ministry of Social Affairs and National Solidarity
617.) *1984* The Employment Market and Immigrants in an Irregular Situation: Lessons from the Recent Legalization Exercise in France.
In: *International Migration Review* XVIII, 3: 558-578.

FREUND, Wolfgang
618.) *1980* Menschenrechte und Arbeitsmigration diskutiert an konkreten Regional- und Sachbeispielen.
In: ders. (Hg.), Gastarbeiter: Integration oder Rückkehr? Grundfragen der Ausländerpolitik. Neustadt Weinstrasse: 56-63.

FRIEDMAN, Michel
619.) *1969* Il mangera son pain à la sueur de son front: enquêtes sur les travailleurs africains en France.
In: *Jeune Afrique* no. 190, 29 June: 16-18.

FROST, Diane
620.) *1994* Ethnic Identity, Transience and Settlement: The Kru in Liverpool since the Late Nineteenth Century.
In: David Killingray (ed.), Africans in Britain. Illford, Essex.

FRYER, Peter
621.) *1984* Staying in Power. The History of Black People in Britain. London; Sydney.

FYFE, Christopher
622.) *1961* Four Sierra Leone Recaptives.
In: *Journal of African History* II, 1: 77-85.
623.) *1972* Africanus Horton, 1835-1883: West African Scientist and Patriot. New York.
624.) *1983* Charles Heddle: an African ‚Merchant-Prince'.
In: *Enterprises et Entrepreneurs en Afrique 18-20 Siecles*. Paris: 235-247.
625.) *1986* Sierra Leoneans in English Schools in the Nineteenth Century.
In: Lotz, Rainer; Ian Pegg, Under the Imperial Carpet. Essays in Black History in Britain. Crawley: 25-31.

FYFE, Christopher; David KILLINGRAY
626.) *1989* A Memorable Gathering of Sierra Leonians in London 1916.
In: *African Affairs* 88, 350: 41-46.

GABGUE, Tena (Hg.)
627.) *1997* Globalisierung der Wissenschaft: Südenforschung im Norden. Wie nützlich ist Entwicklungsländerforschung im Norden für die berufliche, wissenschaftliche und kulturelle Rein-

tegration afrikanischer und asiatischer Absolventen deutscher Universitäten im Heimatland? Beiträge zu einem interkulturellen Wissenschaftsverständnis und zu den internationalen Wirtschaftsbeziehungen./..für Afrikanisch-Asiatische Studentenförderung e.V. Frankfurt/ M.

GALAAL, Musa Haji Ismael
628.) *1962* Germany and the First Somali Technical Trainee.
In: *The Somali News* 26.10.1962.

GALINSKI, D.
629.) *1986* Brain Drain aus Entwicklungsländern. Theoretische Grundlagen und entwicklungspolitische Konsequenzen.
In: *Europäische Hochschulschriften*, (Reihe V). Frankfurt.

GARCÍA-LONGORIA SERRANO, M. P.
630.) *1994* Aproximación al perfil de inmigrante en la región de Murcia: recursos e iniciativas sociales.
In: Merino Ruiz, L.; E. Raya Lozano (eds.), Inmigración - emigración: Actas de las III Jornadas Estatales sobre Perspectivas del Trabajo Social. Granada.

GARCÍA SERRANO, M.
631.) *1995* La ecología de la desigualdad: la situación de los inmigrantes africanos en Granada.
In: Federación Espanola de Sociología (ed.), V Congreso Espanol de Sociología: Horizontes desde la incertidumbre. Granada.

GARNIER, C.
632.) *1990* Migration, flux monétaires et économie villageoise.
In: *Hommes et Migrations* 1131, avril: 13-18.

GARSON, J.-P.
633.) *1985* Migrations clandestines, regularisations et marché du travail en France: Contraintes nationales et internationales. Geneva.
634.) *1992* Migration and Interdependence: The Migration System between France and Africa.
In: Kritz, M. M.; L. L. Lim; H. Zlotnik: International Migrations Systems. A Global Approach. New York.
635.) *1994* The Implications for the Maghreb Countries of Financial Transfers from Emigrants.
In: OECD, Migration and Development: 275-87.

GARSON, J.-P.; Mohamed LABIB
636.) *1987* Les immigrés maghrebins de retour. Geneva.

GARSON, J.-P; Y. MOULIER
637.) *1982* Clandestine Immigrants and Their Regularisation in France, 1981-1982. Geneva.

GASPER, Hans et al. (Hg.)
638.) *1990* Lexikon der Sekten, Sondergruppen und Weltanschauungen. Fakten, Hintergründe, Klärungen. Freiburg; Basel; Wien.

GATES, Henry Louis, Jr.
639.) *1997* Black London - After Three Generations, Being Black has Finally Become a Way of Being British.
In: *The New Yorker*, April 28/ May 5.

GATHERU, M.
640.) *1963* Child of Two Worlds. (African Writer Series Nr. 20). o.O.

GAUDE, J. (éd.)
641.) *1980* Phénomène migratoire et politiques associées dans le contexte africain. Geneva.

GAUDIER, Jean-Pierre ; Philippe HERMANS (éds.)
642.) *1991* Des belges marocains. Parler à l'immigré/ parler de l'immigré. Brüssel.

GAVRILOV, N. I.; I. G. RYBALKINA
643.) *1987* Africa and World War II.
In: dies., Africa in Soviet Studies: 118-125.

GEISS, Immanuel
644.) *1974* The Pan-African Movement. London.
645.) *o.D.* Notes on the Development of Pan-Africanism.
In: *Journal of the Historical Society of Nigeria*, III, n.d.: 719-740.

GELLER, Andreas
646.) *1997* „Jung, schwarz, deutsch"; „Wo sind meine Wurzeln?"
In : *Der Stern* 38: 60-6.

GERA (Groupe d'Etudes et de Recherches Appliqués)
647.) *1993* Etude des mouvements migratoires du Maroc vers la Communauté Européenne. Etude pour le compte de la Commission des Communautés Européennes. Rabat. (Rapport final.)

GERHOLM, T.; Y. G. LITHMAN
648.) *1990* The New Islamic Presence in Western Europe. London.

GERLOFF, Roswith
649.) *1977* Partnership in Black and White. (with Contributions from African Leaders). London.
650.) *1992* A Plea for British Black Theologies: The Black Church Movement in Britain in its Transatlantic Cultural and Theological Interaction.
In: *Studies in the Intercultural History of Christianity* no. 77. Frankfurt/ M.
651.) *1993* Theology on Route: The inner Dynamics of the Black Church Movement in Britain.
In: *Mission Studies* X/19/ 20: 134-147.
652.) *1994* Afrikanische Diaspora Evangelisches Kirchenlexikon, „Schwarze Kirche 2". (reprinted in English 1996.) Göttingen: 134-139.
653.) *1995* Lebendige Bibel: Die Bedeutung afrikanischer und afro- karibischer Kirchen für Christen in Europa.
In: *Evangelische Kommentare* 28 ,5: 411-414.
654.) *1997a* Afro-Carribean and African Churches in Britain and The Apostolic Succession. (Research in Religion and Family 1). New York.
655.) *1997b* The Significance of the African Christian Diaspora in Europe (with special reference to Britain). Paper presented at the Conference "African Initiatives in Mission", Univ. of South Africa (UNISA), 13-17 Jan. 1997. (to be published at UNISA, 1998). Pretoria.

GERLOFF, Roswith; J. JEHU-APPIAH
656.) *1982* Ghanaische Christen in England/ Christliche Partnerschaft in Schwarz und Weiß.
In: *Der Auftrag*, 16/6: 25-6.

GERLOFF, Roswith; E. JAMES
657.) *1982* The Black Church Experience in Britain.
In: *Christian Action Journal*, Autumn 1982: 8-10. (reprinted in: *Zeitschrift für Mission* 1985, 11/1: 39-41.)

GERLOFF, R.; B. A. MAZIBUKO
658.) *1988* "A Dialogue". Ten Years of Spiritual Challenge. Birmingham: 16-21.

GERLOFF, R.; M. H. SIMMONDS
659.) *1980* Learning in Partnership. London.

GERMERSHAUSEN, Andreas
660.) *1988* Flüchtlinge aus Ghana.
In: ders., W. D. Narr (Hg.), Flucht und Asyl. Berichte über Flüchtlingsgruppen. Herausgegeben für das Komitee für Grundrechte und Demokratie und Medico International. Berlin.

GERMERSHAUSEN, Andreas; W. D. NARR (Hg.)
661.) *1988* Flucht und Asyl. Berichte über Flüchtlingsgruppen. Herausgegeben für das Komitee für Grundrechte und Demokratie und Medico International. Berlin.

GERMERSHAUSEN, Andreas; Martina SCHÖTTES; Werner WINTER
662.) *1990* Daten und Fakten zur Asylpolitik. Berlin.

Ge RONDI, C.
663.) *1990* Gli studenti in Italia. Il caso dell'Universita di Pavia.
In: *Studi Emigrazione* 27, 99:349-380. Sept.1990.

GERUNDE, Harald
664.) *2000* Eine von uns. Als Schwarze in Deutschland geboren. Wuppertal.

GETACHEW, Henok
665.) *1995* Psychische Störungen bei afrikanischen Studenten in Berlin. Eine Kohortenstudie. Berlin.

GIFFORD, P.
666.) *1994* Ghana's Charismatic Churches.
In: *Journal of Religion in Africa* XXIV/3: 241-265.

GILLETTE, Alain; Abdelmalek SAYAD
667.) *1976* L'immigration algérienne en France. Paris.

GILMAN, Sander
668.) *1982* On Blackness without Blacks: Essays on the Image of Black in Germany. Boston.

GILROY, Paul
669.) *1982* Steppin' out of Babylon- Race, Class and Autonomy.
In: Centre for Contemporary Cultural Studies (ed.), The Empire Strikes Back- Race and Racism in 70s Britain. London et al.
670.) *1987* There ain't no Black in the Union Jack: The Cultural Politics of Race and Nation. London et al.
671.) *1988* Nothing but Sweat inside my Hand: Diaspora Aesthetics and Black Arts in Britain.
In: Institute of Contemporary Arts (ed.), Black Film British Cinema. London.
672.) *1988/89* Cruciality and the Frog's Perspective: An Agenda of Difficulties for the Black Arts Movement in Britain.
In: *Third Text* 5, Winter.
673.) *1990* Art of Darkness: Black Art and the Problem of Belonging to England.
In: *Third Text* 10, Spring.
674.) *1990/91* It ain't where you're from, it's where you're at... The Dialectics of Diasporic Identification.
In: *Third Text* 13, Winter.

GIMÉNEZ, C. (coord.)
675.) *1992* La inmigracion del tercer mundo y Portugal en la CAM. Madrid.

GIMÉNEZ ROMERO, C. (coord.)
676.) *1993* Inmigrantes extranjeros en Madrid.
Tomo 1: Panorama general y perfil sociodemográfico.
Tomo 2: Estudios momográficos de colectivos inmigrantes. Madrid.

GIMÉNEZ ROMERO; C., C. CARLOS
677.) *1991* Trabajadores extranjeros en la agricultura espanola enclaves e impilicaciones.
In: *Revista de Estudios Regionales*, 2a época, sept.-déc.Universidad de Andalucia.
678.) *1993* Inmigrantes Extranjeros en Madrid.Vol I y II.
In: *Estudios Monograficos de Colectivos de Inmigrantes*. Madrid.

GIRARD, Alain; Jean STOETZEL
679.) *1953* Français et immigrés. I.N.E.D., Cahiers No.19. (2 vols.). Paris.

GISH, O.
680.) *1968* Colour and Skill. British Immigration 1955-1968.
In: *International Migration Revue*, 3: 19-37.

GLEDHILL, Ruth
681.) *1992* Disco Church Swings into its Devotions.
In: *The Times*, 26.Dec.1992: 6.

GLEESON, Ian
682.) *1994* The Unknown Force: Black, Indian and Coloured Soldiers Through Two World Wars. Rivonia.

GLENNIE, Robert
683.) *1933* Joseph Jackson Fuller: an African Christian Missionary. London.

GLESS, Florian
684.) *2000* „Ich bin nicht allein!" Der Medizinstudent Christian Fahé aus Kamerun findet in einer Greifswalder Verbindung Schutz vor Ausländerhaß.
In: *Uni Spiegel*, 2: 17.

GOLDMANN, Stefan
685.) *1985* Wilde in Europa. Aspekte und Orte ihrer Zurschaustellung.
In: Thomas Theye (Hg.), Wir und die Wilden. Einblicke in eine kannibalische Beziehung. Reinbek.

GOLDRING, L.
686.) *1995* Gendered Memory: Reconstructions of Rurality Among Mexican Transnational Migrants.
In: Dupuis, M.; P Vandergeest (eds.), Creating the Countryside: The Politics of Rural and Environmental Discourse. Philadelphia.

GOLINI, A.; G. GERNAO; F. HEINS
687.) *1991* South- North Migration with Special Reference to Europe.
In: *International Migration* XXIX, 2: 253-280.

GÓMEZ TUTOR, Claudia
688.) *1993* Bikulturelle Ehen in Deutschland. Pädagogische Perspektiven und Maßnahmen. Frankfurt/ M.

GONIN, P.
689.) *1990* Migration et développement des lieux d'origine: l'exemple de la communauté de l'Afrique de l'ouest installée en France.
In: *Espaces, population, sociétés*, 2: 304- 309.

GONIN, P.; J. LOMBARD (coord.)
690.) *1994* Dossier „Le nord s'intéresse au sud, le sud interpelle le nord.
In: *Hommes et Terres du Nord*, 4: 64.

GONZALEZ, Armando E.
691.) *1987* Pan- Africanism from the V.Congress of Manchester to the VI. Congress of Dar- es- Salaam (1945-74). (Diss., Uni Leipzig).

GONZALES, G.
692.) *1993* Impact des migrations internationales sur les structures démographiques des sociétés d'origine: le cas des sociétés toucouleur et soninké de la Haute-Vallée du fleuve Sénégal.Univ.Poitiers. Poitiers. (DEA „ migrations, espaces et sociétés").
693.) *1994* Migration, nuptialité et famille dans la Vallée du fleuve Sénégal.
In: *REMI* 10, 3: 83-109.

GOODY, E. N.; C. MIUR GROOTHUES
694.) *1977* The West Africans: The Quest for Education.
In: J. L. Watson (ed.), Between Two Cultures. Migrants and Minorities in Britain. Oxford.

GORMAN, Robert
695.) *1982* Coping with the African Refugee Problem: Reflections on the Role of Private Voluntary Organization Assistance.
In: *Issue, A Journal of African Opinion*, 12: 35-40.
696.) *1984* Private Voluntary Organizations as Agents of Development. Ort?

GOULBOURNE, Harry (ed.)
697.) *1990* Black Politics in Britain. Avebury.

GOULBOURNE, Harry
698.) *1991* Ethnicity and Nationalism in Post- Imperial Britain. Cambridge et al.

GOULBOURNE, Harry; Patsy LEWIS-MEEKS
699.) *1993* Access of Ethnic Minorities to Higher Education in Britain: Report of a Seminar at King's College Cambridge. Warwick.

GRANOTIER, B.
700.) *1976* Les travailleurs immigrés en France. Paris.

GRANT, Douglas
701.) *1968* The Fortunate Slave: An Illustration of African Slavery in the Early Eighteenth Century. London.

GRANT, Joan
702.) *1991* ,Abolition, Black Women and Caricature,'paper given at the conference on ,'The African presence in the UK', Africa Centre, London. Dec.1991.

GRAY, John (comp.)
703.) *1980* Ashe, Traditional Religion and Healing in Sub- Saharan Africa and the Diaspora: a Classified International Bibliography. New York et al.

GRÄFFLER, Franz
704.) *1850* Josephs schwarzer Freund und Königssohn Angelo Soliman.
In: *Josephinische Curiosa*, 4, 48: 225-236.
705.) *1918* Ein schwarzer Prinz.
In: Kleine Wiener Memoiren und Wiener Dosenstücke. München: 95-98.

GREATER LONDON COUNCIL
706.) *o.J.* A History of the Black Presence in London. London.

GREEN, Jeffrey
707.) *1991a* The African Progress Union of London 1918-1925. (Paper given at the Institute of Commonwealth Studies, University of London). London.
708.) *1991b* The Ituri Forest Pygmies in Britain, 1905-1907. (Paper given to the conference on The African Presence in the UK',Africa Centre'). London.

GREGOIRE, Henri
709.) *1808* De la littérature des nègres. Paris.

GREINER, Siegfried
710.) *1981* Der Neger Daud oder der Beitrag Calws zur „Sklavenbefreiung".
In: ders., Herrmann Hesse- Jugend in Calw. Sigmaringen.
711.) *1987* Der Neger Daud, ein Gärtnerlehrling in Reutlingen. Sonderdruck der Reutlinger Geschichtsblätter.

GRIES, Marie-Luise
712.) *1998* Diesseits von Afrika-Schwarze Deutsche.
In: *aid* 2/ 1998: 5.

GRILLO, R. D.
713.) *1985* Ideologies and Institutions in Urban France: Solidarity and Opposition in an East African Labour Force. Cambridge.

GRIMM, Reinhold; Jost HERMAND (ed.)
714.) *1986* Blacks and German Culture. Wisconsin; London.

GRONAU, Dietrich; Anita JAGOTA (Hg.)
715.) *1992* Über alle Grenzen verliebt. Beziehungen zwischen deutschen Frauen und Ausländern. Frankfurt/M..

GRONNIOSAW, James Albert Ukawsaw
716.) *1770* A Narrative of the Most Remarkable Particulars in the Life of James Albert Ukawsaw Gronniosaw. Bath. (Faksimile-Nachdruck, Nendeln 1972).

GROß, Bernd
717.) *1982* Akademiker aus Entwicklungsländern in der Bundesrepublik Deutschland. Saarbrücken.

GROß, Bernd; Martin ZWICK (Bearb.)
718.) *1982* Studienabbruch bei Studenten aus Entwicklungsländern in der BRD - Umfang, Ursachen und Folgen. (Centrum für internat. Migration und Entwicklung, CIM, Frankf./M.; Arbeitsmaterialien 2). Saarbrücken.

GROSS, Joan; David MCMURRAY; Ted SWEDENBURG
719.) *1994* Arab Noise and Ramadan Nights: Rai, Rap, and Franco-Maghrebi Identitiy.
In: *Diaspora* 3: 1.

GRÜNBERG, L.
720.) *1977* Die soziale Situation ausländischer Studenten in der Bundesrepublik Deutschland. Eine Studie am Beispiel von türkischen, indonesischen und afrikanischen Studenten. (Univ. Konstanz, Zentrum f. Bildungsforschung, Sonderforschungsbereich 23, Forschungsberichte 31). Konstanz.

GRÜNBERG, Wolfgang; Dennis L. SLABAUGH; Ralf MEISTER-KARANIKAS
721.) *1994* Lexikon der Hamburger Religionsgemeinschaften - Religionsvielfalt in der Stadt von A-Z. Hamburg.

GUGITZ, Gustav
722.) *1959* Zwerge und Mohren in Alt-Wien.
In: *Wiener Geschichtsblätter* 14: 32-36.

GUMMICH, J.
723.) *1993* Auffallen und verändern: Schwarze Deutsche.
In: *Weibblick* 13: 5-9.

GUNDARA, Jagdish; Ian DUFFIELD
724.) *1996* Essays on the History of Blacks in Britain. From Roman Times to the Mid-Twentieth Century. Hampshire.

GUIDICE, F.
725.) *1989* Têtes de turcs en France. Paris.

HAAR, Gerrie ter.
726.) *1993* In ballingschap in de Bijlmer. De situatie van Afrikaanse christenen in Nederland.
In: *Jota* 21, 6: 42-51.
727.) *1994a* Afrikaanse kerken in Nederland.
In: *Religienze Bewegingen in Nederland* 28: 1-32.
728.) *1994b* Strangers in the Promised Land: African Christians in Europe.
In: *Exchange* 24, 1: 1-33.
729.) *1995a* "Because Jesus lives, I can face tomorrow": Religious Experiences of African Women in the Netherlands.
In: J. B. M. Wissink (ed.), (Dis)Community and (De)Construction: Reflections on the Meaning of the Past in Crisis Situations; Kampen: 126-145.
730.) *1995b* Ritual as Communication: A Study of African Christian Communities in the Bijlmer District of Amsterdam.
In: Platvoet, J.; K. van der Toorn (eds.), Pluralism and Identity: Studies in Ritual Behaviour. Leiden.
731.) *1997* Halfway to Paradise. African Christians in Europe. Cardiff.

HAFERKAMP, Rose
732.) *1989* Afrikaner in der Fremde. Lehrjahre zwischen Wunsch und Wirklichkeit. München.

HAGELBERG, G. B.
733.) *1996* Sugar and History: A Global View.
In: Alberto Vieira (Hg.), Slaves With or Without Sugar. (Registers of the International Seminar Funchal, 17th-21th June 1996). Funchal: 9-25.

HAGMANN, H.
734.) *1966* Les travailleurs étrangers, chance et tourment de la Suisse. Lausanne.

HAIJAMI, T.
735.) *1985* Le phénomène de la contrebande au Maroc. Rabat.

HAIR, Paul
736.) *1992* African Ancestry in Britain.
In: *Local Population Studies* 48: 60-61.

HAKE, Sabine
737.) *1998* Mapping the Native Body: On Africa and the Colonial Film in the Third Reich.
In: Sara Friedrichsmeyer et al. (ed), The Imperialist Imagination: German Colonialism and Its Legacy. Ann Arbor.

HALID, Halil
738.) *1916* Die Negertruppen Englands.
In: *Deutsche Welt* 19, 2.

HALL, Alex
739.) *1996* Mixed Relationships in the UK: an Annotated Bibliography of Sources. Warwick.

HALLER, Ingrid (Hg.)
740.) *1987* Projekt Politische Flüchtlinge: Eritreische Frauen. Kassel: Gesamthochschule Kassel, Fachbereich Gesellschaftswissenschaften. Migrationssoziologie/Interkulturelles Lernen.

HAMM, Horst; Wolfgang JUNG; Heidi KNOTT
741.) *1988* Flucht nach Deutschland. Lebensberichte. Freiburg.

HAMMAR, T.; S. A. REINANS; SOPEMI
742.) *1987* Report 'Immigration to Sweden in 1985 and 1986', Report 4. Stockholm: Stockholm Universitetet, Center for Research in International Migration and Ethnic Relations.

HAMMOUCHE, Abdelhafid
743.) *1990* Choix du conjoint, relations familiales et intégration sociale chez les jeunes maghrébins.
In: *REMI* 6, 3: 175-188.

HAMPE, Theodor
744.) *1902* Die fahrenden Leute in der deutschen Vergangenheit. Leipzig.

HAMY, M. E. T.
745.) *1906* Les cent quarante nègres de M. d'Avaux à Munster (1644).
In: *Bulletins et Mémoires de la Société d'Anthropologie de Paris*, Tome septième 5: 271-275.

HANNKEN, Helga
746.) *1997* Eritreer/Eritreerinnen.
In: Schmalz-Jacobsen, Cornelia; G. Hansen (Hg.): Kleines Lexikon der ethnischen Minderheiten in Deutschland. München.

HAOUAS, A.
747.) *1991* The Moroccan Speech Community.
In: Alladina, I.S.; V. Edwards, (eds.), Multilingualism in the British Isles. Harlow: 254-259.

HARDYMAN, J.T.
748.) *1977* Malagasy Refugees to Britain, 1838-41.
In: *Omaly sy Anio* 5-6: 141-89.

HARGREAVES, Alec G.
749.) *1991* Voices from the North African Immigrant Community in France: Immigration and Identity in Beur Fiction. Oxford; New York.
750.) *1994* African Students in Britain: The Case of Aberdeen University.
In: David Killingray (ed.), Africans in Britain. Illford, Essex: 129-144.

751.) *1996* Writers of Maghrebian Immigrant Origin in France: French, Francophone Maghrebian or Beur?
In: Ibnlfassi, Laïla; Nicki Hitchcott (eds.), African Francophone Writing. A Critical Introduction. (Berg French Studies). Oxord; Washington D.C: 33-44.

HARGREAVES, Alec G.; M. McKinney (eds.)
752.) Post-Colonial Cultures in France. London; New York.

HARMSEN, Hans
753.) *1927* Der Einbruch der Farbigen nach Europa.
In: *Archiv für Rassen-und Gesellschafts-Biologie einschließlich Rassen-und Gesellschaftshygiene* 19, 1: 54-63. München.

HARRIS, Joseph E.
754.) *1965* Introduction to the African Diaspora.
In: T.O. Ranger (ed.), Emerging Themes of African History. Nairobi.
755.) *1971* The African Presence in Asia: Consequences of the East African Slave Trade. Evanston.
756.) *1982* A Comparative Approach to the Study of the African Diaspora.
In: ders. (ed.), Global Dimensions of the African Diaspora. Washington D.C.
757.) *1992* The African Diaspora in the Old and the New Worlds.
In: B.A. Ogot (ed.), UNESCO General History of Africa V. Paris et al.

HARRIS, Joseph E. (ed.)
758.) *1982* Global Dimensions of the African Diaspora. Washington D.C.

HARRIS, Joseph E; Slimane ZEGHIDOUR
759.) *1999* Africa and its Diaspora Since 1935.
In: Mazrui A. Ali (ed.), General History of Africa: VIII. Africa Since 1935. London.

HARRIS-SCHENZ, B.
760.) *1981* Black Images in Eighteenth- Century German Literature. Stuttgart.

HAUDOS, Ernest
761.) Les indigènes nord- africains en France.
In: *Les Annales Coloniales* 19 novembre: 1.

HAUPTSTAATSARCHIV STUTTGART (Hg.)
762.) *2001* Exotisch-höfisch-bürgerlich. Afrikaner in Württemberg vom 15.-19. Jahrhundert. Katalog zur Ausstellung des Hauptstaatsarchivs Stuttgart. Stuttgart.

HAUSCHILD-THISSEN, Renate
763.) *1987* Eine „Mohrentaufe" im Michel 1855.
In: *Hamburgische Geschichts- und Heimatblätter* 11: 11f.

HAUSER, Jacques
764.) *1987* Le logement des familles immigrées. L'incertitude des politiques d'attributin.
In: *Hommes et Migrations* 1103: 45-51.

HAYFORD, Augustus Casely
765.) *1990* Black Oral History and Methodology.
In: *The Local Historian* 20, 2: 59-64.

HAYNES, A.
766.) *1983* The State of Black Britain. Ort?

HEAR, Nicholas van
767.) *1994* Forced Mass Repatriation of Migrant Workers in Longer Term Perspective.
In: Tim Allen, Hubert Morsink (eds.): When Refugees go Home. African Experiences. Trenton, New Jersey: 276-278.

HECHT, J. Jean
768.) *1954* Continental and Colonial Servants in Eighteenth-Century England.
In: *The Smith College Studies in History*, 40: 33-49.

HECHT-EL MINSHAWI, Béatrice
769.) *1990* „Wir suchen, wovon wir träumen". Studie über deutsch-ausländische Paare. Frankfurt/M.

HEILMANN, Peter
770.) *1990* Ausländerfeindlichkeit in der DDR aus der Sicht ausländischer Studierender.
In: *Das Hochschulwesen* 38, 10: 337-340.

HEIN, Jeremy
771.) *1991* Immigrants, Natives, and the French Welfare State: Explaining Different Interactions with Social Welfare Program.
In: *International Migration Review* XXV, 3: 592-609.
772.) *1992* The Emergence of Ethnic Minorities in France: Market, State, and Life Course Needs among Immigrants and Refugees.
In: *Ethnic Groups* 9: 135-149.

HEINE, P.
773.) *1997* Halbmond über deutschen Dächern. Muslimisches Leben in unserem Land. Leipzig.

HEINRICHS, Jürgen Wilhelm Walter
774.) *1998* Blackness in Weimar: 1920s German Art Practise and American Jazz and Dance.
In: *Dissertation Abstracts Online*, vol.59/4-A: 985.

HEISEL, D. F.
775.) *1982* ‚International Migration'.
In: J.A. Ross (ed.), Encyclopedia of Population. Vol.1. New York.

HELLMANN, Peter
776.) *1990* Aspekte des Ausländerstudiums in der DDR.
In: *Asien, Afrika, Lateinamerika* 18, 5: 798-804.

HENKE, Dagmar
777.) *1990* Ausländer in der DDR.
In: *Informationsdienst zur Ausländerarbeit* 3: 61-63.

HENRICH, Francine
778.) *1985* Les accords de coopération entre la CEE et les pays du Maghreb à l'épreuve de la situation de l'emploi en Europe avec ses répercussions sur les travailleurs émigrés.
In: *Travail et développement* 5/ 6: 15-24.

HEPPLE, R.
779.) *1968* Race, Jobs and the Law in Britain. Harmondsworth.

HERDER, Johann Gottfried
780.) *1882* Neger-Idyllen.
In: Werke in fünf Bänden, 1.Bd. Berlin; Weimar.

HERKENHOFF, Michael
781.) *1990* Der dunkle Kontinent. Das Afrikabild im Mittelalter bis zum 12. Jahrhundert. Pfaffenweiler.

HERMANN VON SACHSENHEIM
782.) *1878* Die Mohrin.
In: Ernst Martin, Hermann von Sachsenheim. Stuttgart; Tübingen.

HERQUET, Karl
783.) *1883* Mohren, Zwerge und Heiducken am Ostfriesischen Hofe.
In: Miscellen zur Geschichte Ostfrieslands. Norden.

HERRMANN, Monika
784.) *1991* Ausländer in der ehemaligen DDR. Aus dem Land getrieben. Der Weg von Ablehnung zu interkultureller Begegnung.
In: *Publik-Forum* 20, 1: 7-8.

HERSAK, E.
785.) *1982* Labour Migration in the EEC.

In: *European Trends* 70: 24-31.

HERZBERG, Adalbert Josef
786.) *1981* Der heilige Mauritius. Ein Beitrag zur Geschichte der deutschen Mauritiusverehrung Düsseldorf.

HERZBERGER-FOFANA, Pierette
787.) *1992* Die Nacht des Baobab. Zur Situation der ausländischen Frau am Beispiel der Afrikanerinnen in Deutschland.(Vortrag auf dem Internationalen Frauentag 1992 in München). München: Gleichstellungsstelle für Frauen der Landeshauptstadt München.

HEYD, Wilhelm
788.) *1879* Geschichte des Levantehandels im Mittelalter. 2. Bde. Stuttgart.

HIELSCHER, Hans
789.) *1999* Theo wollte Deutscher sein- Sie hatten Angst ins KZ zu kommen oder sterilisiert zu werden, sie überlebten im Zirkus und beim Film-schwarze Deutsche im Dritten Reich.
In: *Spiegel Spezial* 06/1999.

HILL, C.
790.) *1971* Black Churches: West Indian and African Sects in Britain. (o.O.)

HILL, P. B.
791.) *1984* Räumliche Nähe und soziale Distanz zu ethnischen Minderheiten.
In: *Zeitschrift für Soziologie* 13, 4: 363-370.

HILL, Robert (ed.)
792.) *1987* Pan-African Biography. Los Angeles.

HINNENKAMP, V.
793.) *1985* Zwangskommunikative Interaktion zwischen Gastarbeitern und deutschen Behörden.
In: Jochen Rehbein (Hg.): Interkulturelle Kommunikation. Tübingen.

HIRO, Dilip
794.) *1971* Black British, White British. London.

HNAKA, A.
795.) *1997* Les réseaux transnationaux nés de l'émigration entre le Maroc et l'Europe: le rôle des retraités soussis du Grand Agadir. Agadir. (communication présentée au colloque „Femmes, retraités, les oubliés de la migration internationale.") F.L.S.H. d'Agadir, 11-13 novembre 1997, non-publié.

HODGES, Carolyn
796.) *1992* The Private/ Plural Selves of Afro-German Women and the Search for a Public Voice.
In: *Black Journal Studies* 23: 219-34.

HOERDER, Dirck
797.) *1985* An Introduction to Labor Migration in the Atlantic Economies, 1815-1914.
In: Dirck Hoerder (ed.), Labor Migration in the Atlantic Economies, Westport, Conn.; London: 3-31.

HOFFMANN-WALLBECK, Katrin; S. PRIOR (Hg.)
798.) *1988* „Mein Leben ist wie ein fremder Fluß ". Der Weg ins Asyl. Frauen erzählen. Reinbek

HOFMANN, Georg
799.) *1942* Kopten und Aethiopier auf dem Konzil von Florenz.
In: *Orientalia Christiana Periodica* 8: 5-39.

HOHMANN, Joachim S. (Hg.)
800.) *1981* Schon auf den ersten Blick. Lesebuch zur Geschichte unserer Feindbilder. Darmstadt, Neuwied.

HOLLENWEGER, W.J.
801.) *1981* A Revival in Black and a New Way of Learning.

In: *Reform*, Apr.: 16-21.
802.) *1987* Interaction Between Black and White in Theological Education.
In: *Theology* 90: 342-345.
803.) *1991* Priorities in Pentecostal Research: Historiography, Missiology, Hermeneutics and Pneumatology.
In: J. A. B. Jongeneel (ed.), Experiences of the Spirit. Studies in the Intercultural History of Christianity No. 68. Frankfurt a.M.

HOLLIFIELD, J.
804.) *1990* "Migrants ou citoyens". La politique de l'immigration en France et aux Etats-Unis.
In: *REMI* 6, 1: 159-183.

HOLMES, Colin (ed.)
805.) *1978* Immigrants and Minorities in British Society. London.

HOLMES, Colin
806.) *1985* Immigration into Britain: the Myth of Fairness- Racial Violence in Britain 1911-1919.
In: *History Today* 35: 41-45.
807.) *1988* John Bull's Island: Immigration and British Society, 1871-1971. London.

HONOUR, Hugh
808.) *1989a* Slaves and Liberators. IOB, Bd.4, Teil 1.
809.) *1989b* Black Models and White Myths. IOB, Bd.4, Teil 2.

HOOKER, J. R.
810.) *1975* Henry Sylvester Williams: Imperial Pan- Africanist. London.

HÖPP, Gerhard (Hg.)
811.) *1996a* Fremde Erfahrungen. Asiaten und Afrikaner in Deutschland, Österreich und in der Schweiz bis 1945. Berlin. (Zentren Moderner Orient, Geisteswissenschaftliche Zentren Berlin e.V.)
812.) *1996b* Die Privilegien der Verlierer. Über Status und Schicksal muslimischer Kriegsgefangener und Deserteure in Deutschland während des Ersten Weltkrieges und der Zwischenweltkriegszeit.
In: ders.(Hg.), Fremde Erfahrungen. Asiaten und Afrikaner in Deutschland, Österreich und in der Schweiz bis 1945. Berlin: 185-211.

HÖRLER, Elisabeth
813.) *1994* Vous comprare? Der afrikanische Traum vom europäischen Glück. Zürich.

HORNSBY-SMITH, Michael P.
814.) *1988* Black Catholics in England: A Study in Religious Marginalisation. Guildford.

HOUARI, Kassa
815.) *1988* Confessions d'un immigré. Un algérien à Paris. Paris.

HUA, Laurent ; Marie-Laure LAS VERGNAS
816.) *1975* Les obstacles à la formation des travailleurs étrangers en France.
In: *Migrants Formations*, No. Spécial 17-18, oct.'76; les travailleurs immmigrés et la formation professionnelle: 102-10.

HÜCKING, Renate; Ekkehard LAUNER
817.) *1986* Aus Menschen Neger machen. Wie sich das Handelshaus Woermann an Afrika entwickelt hat. Hamburg.

HÜGEL, Ika
818.) *1993a* Wir brauchen uns-und unsere Unterschiede.
In: dies.(Hg.), Entfernte Verbindungen. Rassismus, Antisemitismus, Klassenunterdrückung. Berlin: 18-32.
819.) *1993b* Entfernte Verbindungen. Rassismus, Antisemitismus, Klassenunterdrückung. Berlin.

HÜGEL- MARSHALL, Ika
820.) *1998* Daheim unterwegs- ein deutsches Leben. Berlin.
821.) *2000* Die Situation von Afrodeutschen nach dem Zweiten Weltkrieg (am Beispiel meiner Autobiographie „Daheim unterwegs. Ein deutsches Leben") und heute.

In: Karl A. Kumpfmüller (Hg.), Europas langer Schatten-Afrikanische Identitäten zwischen Selbst- und Fremdbestimmung Fankfurt/ M.; Wien: 143-153.

HUGHES, William
822.) *1892* Dark Africa and the Way Out. London.

HUMPHRY, D.; M. WARD
823.) *1974* Passports and Politics. Harmondsworth.

HUNWICK, John O.
824.) *1981* The Black Diaspora: The Muslim World.
In: The Cambridge Encyclopedia of Africa. Cambridge University Press: 469-471.

HUSBAND, G.
825.) *1977* News Media, Language and Race Relations. A Case Study in Identity Maintainance.
In: H. Giles (ed.): Language, Ethnicity and Intergroup Relations. London; New York.

HUSBANDS, Christopher T.
826.) *1991* The Mainstream Right and the Politics of Immigration in France: Major Developments in the 1980s.
In: *Ethnic and Racial Studies* 14, 2: 170-195.

HUSSEIN, Shamis
827.) *1993* Somalis in London.
In: N. Merrimman (ed.): The Peopling of London. London.

HYMANS, Jacques L.
828.) *1971* Léopold S. Senghor: an Intellectual Biography. Edinburgh.

IAF e.V.- Verband binationaler Familien und Partnerschaften (Hg.)
829.) *1991* "West Meets East". Binationalsein in den neuen Bundesländern. Frankfurt.
830.) *1993* Im Land der Blaukarierten ...Binationale zwischen kultureller Vielfalt und alltäglichem Rassismus. Bonn.

IAF e.V.-Verband binationaler Familien und Partnerschaften (Hg.)- Länderinformationen
831.) *1996* „Zum Abendessen Couscous". Länderinformationen für deutsch- marokkanische Paare. Frankfurt.
832.) *1997* "Any moment from now..." Länderinformationen für deutsch- nigerianische Paare. Frankfurt.
833.) *1998* „Wasserpfeife und Jasmin". Länderinformationen für deutsch- tunesische Paare. Frankfurt.

IBN'ABDALBAQI AL BUHARI AL MAKKI, Muhammad
834.) *1924* Buntes Prachtgewand. Über die guten Eigenschaften der Abessinier. Hannover.

IBNLFASSI, Laïla; Nicki HITCHCOTT (ed.)
835.) *1996* African Francophone Writing. A Critical Introduction. Oxord; Washington D.C.

IHLE, Alexander
836.) *1929* Das alte Königreich Kongo. Leipzig.

ILAL, Abdul; Renate GUDAL
837.) *1993* Ein Job! Ein würdiges Leben für alle Mosambikaner...Zur Integration und Reintegration ehemaliger DDR-Vertragsarbeiterinnen und -Studentinnen aus Mosambik. Berlin. Entwicklungspolitische Gesellschaft.

L'IMMIGRATION EN FRANCE EN 1977
838.) *1978* Statistiques du travail, supplement au bulletin mensuel. Paris.

INIESTA, F.
839.) *1994* Culturas africanas: los caminos que no llevan a Roma.
In: A. Sánchez et al.: Extranjeros en el paradíso. Barcelona.

Initiative für ein Internationales Kulturzentrum e.V., Hannover
(Redaktion: Clementine Herzog, Sibylle Weingart)

840.) *1995* Schwarze Künstlerinnen und Künstler in der BRD heute: Dokumentation zum gleichnamigen Seminar vom 11.13.11. 1994 in Hannover. Veranstaltet vom Bereich Kultur/Kunst/Interkulturelle Bidlung. Hildesheim.

INIZAN, José
841.) *1989* Retour et réinsertion dans le pays d'origine.
In: *Hommes et Migrations*, No.1119: 59-64.

INSTITUTE OF RACE RELATIONS
842.) *1987* Policing Against Black People. London.
Interdisziplinäre Kommission. Berliner Afrika- Wissenschaftler (Hg.)
843.) *o.J.* Berliner Afrika-Bulletin. Studienführer für afrikabezogene Lehrveranstaltungen an Berliner Universitäten. Berlin.

Internationaler Sozialdienst Deutscher Zweig e.V. (Hg.)
844.) *1986a* Flüchtlingsfrauen in der Bundesrepublik Deutschland. Frankfurt: Internationaler Sozialdienst Deutscher Zweig e.V.
845.) *1986b* Flüchtlingsmädchen. Schulische und berufliche Ausbildung im deutschen Exil. Frankfurt: Internationaler Sozialdienst Deutscher Zweig e.V.

IOÉ, Colectivo
846.) *1991* Foreign Women in Domestic Service in Madrid. Geneva.

IRELAND, P.
847.) *1994* The Policy Challenge of Ethnic Diversity: Immigrant Policies in France and Switzerland. Cambridge.

IRER
848.) *1994* Tra due rive. La nuova immigrazione a Milano. Milan.

IRWIN, Graham W.
849.) *1977* Africans Abroad. A Documentary History of the Black Diaspora in Asia, Latin America, and the Caribbean During the Age of Slavery. New York.

IZA, KKM, tdh, BAOBAB (Hg.)
850.) *1993* Schwarz/ Weisse-Zeiten: AusländerInnen in Ostdeutschland vor und nach der Wende. Erfahrungen der Vertragsarbeiter aus Mosambik. Interviews- Berichte- Analysen. Bremen.

IZQUIERDO, A.
851.) *1991a* La inmigracion en España. Documento 900401, Instituto Nacional de Migracion. (sin publicar).
852.) *1991b* La inmigracion ilegal en España.
In: *Revista de Economia y Sociologia del Trabajo*, 11 mars: 18-38
853.) *1992* La inmigración en España 1980-1990. Madrid.
854.) *1996* La inmigración inesperada: la población extranjera en España (1991-1995). Madrid.

JACH, Regina
855.) *1995* Die "Christ Pentecostal Church". Religiöses Leben einer ghanaischen Pfingstgemeinde in Hamburg. Hamburg. (unveröffentl. Feldforschungsbericht).
856.) *1997* Religionsethnologie als interdisziplinäres Arbeitsfeld: Pfingstlerisch geprägte Kirchen als religionsethnologischer Forschungsgegenstand am Beispiel des südlichen Ghana. Hamburg. (unveröffentl. Magisterschrift).

JACK, Belinda Elizabeth
857.) *1996* Négritude and Literary Criticism: the History and Theory of „Negro-African" Literature in French. (Contributions in Afro-American and African Studies, 178). Westport, Conn. et al.

JACKSON, Ashley
858.) *1999* African Soldiers and Imperial Authorities: Tensions and Unrest During the Service of High Comission Territories Soldiers in the British Army, 1941-46.
In: *Journal of Southern African Studies* 25, 4: 645-665.

JACKSON, Jeremy
859.) *1994* Repatriation & Reconstruction in Zimbabwe during the 1980s.
In: Allen, Tim; Hubert Morsink (eds.): When Refugees go Home. African Experiences. Trenton, New Jersey: 126-166.

JACOB, Günther
860.) *1993* Agit-Pop. Schwarze Musik und weiße Hörer. Texte zu Rassismus und Nationalismus, Hip-Hop und Raggamuffin. Berlin; Amsterdam.

JACOBS, Brian
861.) *1986* Black Politics and Urban Crisis in Britain. Cambridge.
862.) *1988* Racism in Britain. London.

JACQUES, Andre
863.) *1986* Les deracinés. Refugiés et migrants dans le monde. Paris.

JAMES, W.
864.) *1986* A Long Way from Home: On Black Identity in Britain.
In: *Immigrants and Minorities* 5, 3: 258-84.

JARVIE, G. (ed.)
865.) *1991* Sport Racism and Ethnicity. London.

JASPARS, J; M. HEWSTONE
866.) *1982* Cross- Cultural Interaction. Social Attribution and Intergroup Relations.
In: S. Bochner (ed.), Cultures in Contact. Oxford: 127-156.

JAZOULI, Adil
867.) *1986* L'action collective des jeunes maghrébins de France. Paris.

JEA, John
868.) *o.J., ca. 1815* The Life, History and Sufferings of John Jea, the African Preacher. Portsea.

JEBENS, Holger
869.) *1989* Exotische Bilder, Kulturkontakt und Photographie in Hagenbecks 'Völkerschauen'.
In: M. Schindlbeck (ed.), Die ethnographische Linse. Photographien aus dem Museum für Völkerkunde Berlin, Staatliche Museen, Preußischer Kulturbesitz. Berlin: 25-27.

JEDYNAK, Patrick
870.) *1990* Les familles noires africaines de Paris: le quartier de la place de Réunion.
In: *REMI* 6, 3: 83-98.

JEHU-APPIAH, Jerisdan
871.) *1985* Die Musama Disco Christo Church in London.
In: *Zeitschrift für Mission* 11, 1.
872.) *1993* Singing the Lord's Song: The Growth of Ghanaian Churches in Britain. London. (unpubl.).

JENKINS (Jr.), Everett
873.) *1996* Pan African Chronology. A Comprehensive Reference to the Black Quest for Freedom in Africa, the Americas, Europe and Asia, 1400- 1865. Jefferson, N.C.

JENKINS, Ray
874.) *1985* Gold Coasters Overseas: 1880-1919.
In: *Immigrants and Minorities* 4, 3: 5-52.
875.) *1991* A Talented Minority. Enterprising Gold Coaster in Britain, 1880-1920. (Paper given to the conference on 'The African Presence in the UK', Africa Centre). London.

JENKINSON, J.
876.) *1986* The 1919 Race Riots in Britain.
In: Lotz, Rainer; I. Pegg (eds.), Under the Imperial Carpet. Essays in Black History 1790-1850. Crawley.

JENROLA, Kunle
877.) *1990* Mad Rush to Dig Gold.
In: *The African Guardian* 5, 26: 20-23.

JENSEN, Jürgen
878.) *1997* Afrikaner in Hamburg. (Vortrag zu den Forschungstagen der Universität Hamburg.) M S.
879.) *1999* Überblick über das Projekt: Afrikanische Migranten in Deutschland und ihre Remigration.
In: *Ethnoscripts* 1, 12-16.
880.) *2001* Plural Societies and Transnational Social Spaces-Modern African Complexities.
In: Niedrig, H.; J. Oßenbrügge; M. Reh (eds.) (forthcoming).

JOHNSON, Adolf Kodjovi
881.) *2000* „Meine Zeit sowie mein Leben ist mir wie ein Rätsel". Briefe des Westafrikaners Adolf K. Johnson an die Pflegeeltern Gustav und Emma Küster und ihre Nachkommen. Münster.

JOHNSON, Douglas H.
882.) *1991* Salim Wilson: The Black Evangelist of the North.
In: *Journal of Religion in Africa* XXXI, 1: 26-41.

JOHNSON, G. Wesley (ed.)
883.) *1985* Double Impact: France and Africa in the Age of Imperialism. Westport, Conn.; London.

JOHNSON, Thomas L.
884.) *1909* Twenty-Eight Years a Slave. Bournemouth.

JONES, Adam (Hg.)
885.) *1995* Afrika in Leipzig. Erforschung und Vermittlung eines Kontinents, 1730-1950. Leipzig.
886.) *2000* Engl. Fassung: Africa in Leipzig. A City Looks at a Continent, 1730-1950. Leipzig.

JONES, Jacqueline
887.) *1985* Labour of Love, Labour of Sorrow. Black Women, Work and Family from Slavery to the Present. New York.

JONES, K.; A. SMITH
888.) *1970* The Economic Impact of Commonwealth Immigration. London.

JONES, P. N.
889.) *1978* The Distribution and Diffusion of the Coloured Population in England and Wales, 1961-71. Transactions of the Institute of British Geographers 3 and 4. (o.O.).

JONES, Trevor
890.) *1993* Britain's Ethnic Minorities. An Analysis of the Labour Force Survey. London.

JONGENEEL, J. B. A.
891.) *1995* Non- Western Christian Communities and Churches in the Netherlands.
In: ders., Changing Partnership of Missionary and Ecumenical Movements. Essays in the Honour of Marc Spindler. Leiden; Utrecht: 170-176.

JONGENEEL, J. B. A.; R. BUDIMAN; J. J. VISSER
892.) *1996* Gemeenschapsvorming van Aziastische, Afrikaanse en Midden-en Zuidamerikaanse christenen in Nederland. Een geschiedenis in wording. Uitgeverij Boekencentrum. Zoetermeer: 163-227.

KABERA, J. B; C. MUYANJA
893.) *1994* Homecoming in the Luwero Triangle. Experiences of the Displaced Population of Central Uganda Following the National Resistance Army Victory in 1986.
In: Allen, Tim; Hubert Morsink (eds.): When Refugees go Home. African Experiences. Trenton; New Jersey: 96-104.

KAELIN, Walter; Rupert MOSER (Hg.)
894.) *1987* Migrationen aus der Dritten Welt-Ursachen und Wirkungen. Bern; Stuttgart.

KAGERMEIER, A.
895.) *1995* REMIGRATION NADOR II: Der ländliche Einzelhandel in der Provinz Nador (Marokko) unter dem Einfluß der Arbeitsmigration.
In: *Maghreb- Studien*, 6. Passau.

KAGERMEIER, A.; H. POPP
896.) *1995* Gastarbeiter-Remigration und Regionalentwicklung in Nordost-Marokko.
In: *Geographische Rundschau* 47: 415-422.

KAGGWA, Apolo
897.) *1971* The Kings of Buganda. (transl. and ed. by M. S. M. Kiwanuka). Nairobi.

KAHIN, Mohamed H.
898.) *1997* Educating Somali Children in Britain. Stoke-on-Trent.

KAHL, Werner (Hg.)
899.) *1998* Afrikanische Diasporagemeinden in Deutschland.
In: *Transparent-* extra 52, 12: 1-28.

KAKÉ, Ibrahima Baba
900.) *1978* Les noirs de la diaspora. Libreville, Gabon.
901.) *1982* The Impact of Afro-Americans on French-Speaking Black Africans, 1919-1945.
In: Joseph E. Harris (ed.), Global Dimensions of the African Diaspora. Washington D.C.

KALILOMBE, Patrick A.
902.) *1997* Black Christianity in Britain.
In: *Ethnic and Racial Studies* 20, 2: 306-324.

KALLENBACH, Ruth
903.) *1991* Vietnamesen, Angolaner und Mosambikaner-Erfahrungen aus Erfurt.
In: Jürgen Micksch (Hg.), Deutschland, Einheit in kultureller Vielfalt. Frankfurt/M.: 54-66.

KALNINS, Artur
904.) *1991* Kapverdeaner zwischen Hamburg und Kap Verde. Emigration, Heimaten, Identität und soziale Wirlichkeit. Frankfurt/ M.
905.) *1994* Kapverdeaner in Deutschland.
In: Berliner Institut für Vergleichende Sozialforschung (Hg.), Ethnische Minderheiten in Deutschland. Berlin. (2. Lieferung, Abschnitt 3.1.8.)

KAMPMANN, Bärbel
906.) *1994* Schwarze Deutsche. Lebensrealität und Probleme einer wenig beachteten Minderheit.
In: Paul & Thomas Theo Mecheril (Hg.), Andere Deutsche. Zur Lebenssituation von Menschen multiethnischer und multikultureller Herkunft. Berlin.

KANE, Cheikh Hamidou
907.) *1961* L'aventure ambigue. Paris.
908.) *1980* Der Zwiespalt des Samba Diallo. Frankfurt.

KANE, Francine; André LERICOLLAIS
909.) *1975* L'émigration en pays soninké.
In: *Cahiers de l'O.R.S.T.O.M.*, Série Sciences Humaines 12, 2: 177-187.

KANNEH, Kadiatu
910.) *1998* African Identities. Race, Nation and Culture in Ethnography, Pan- Africanism and Black Literatures. London; New York.

KANTÉ, Nianguiry
911.) *1986* Contribution à la connaissance de la migration soninké en France. Paris. (Thèse de Sociologie).

KAPLAN, A.
912.) *1993* Aproximaciones descriptivas a la situación de origen de los inmigrantes de la región de Senegambia. Barcelona.

913.) *1998* De Senegambia a Cataluna. Barcelona.

KAPPLER, Manfred
914.) *1994* Rassismus. Über die Genese einer europäischen Bewußtseinsform. Frankfurt/ M.

KARMI, Ghada et al.
915.) *o.D.* Suicide Among Ethnic Minorities and Refugees in the United Kingdom. London.

KASTENHOLZ, Raimund et al.
916.) *1998* Sprachanalysen zur Feststellung des Herkunftstaates beim Bundesamt für die Anerkennung ausländischer Flüchtlinge. Scharlatanerie oder Wissenschaft? Förderverein Pro Asyl. Frankfurt/M.

KASTORYANO, Riva
917.) *1989* L'état et les immigrés: France, Allemagne, Grande-Bretagne et Etats-Unis.
In: *REMI* 5, 1:9-20.
918.) *1991* Integration and Collective Identities of Immigrants in France and Germany.
In: *Journal of Ethnic Studies* 19, 3: 51-64.
919.) *1996* La France, l'Allemagne et leurs immigrés: négocier l'identité. Paris.

KENKINS, Ray
920.) *1985* Sportsman Extraordinaire.
In: *West Africa*, 3 June 1985.
921.) *1990* Salvation for the Fittest? A West African Sportsman in Britain in the Age of the New Imperialism.
In: *International Journal of the History of Sport* 7, 10: 23-60.

KENNA, Constance (Hg.)
922.) *1999* Die 'DDR-Kinder' von Namibia; Heimkehrer in ein fremdes Land. Göttingen; Windhoek.

KERRIDGE, Roy
923.) *1983* A Touch of Africa in England.
In: *New Society*, 25.08. 1983: 278-280.
924.) *1984* The African Churches in England.
In: *New Society,* 22.11. 1984: 283-285.
925.) *1995* The Storm is Passing Over: A Look at Black Churches in Britain. London.

KESTELOOT, Christian
926.) *1986* Concentration d'étrangers et politique urbaine à Bruxelles.
In: *REMI* 2, 3: 151-168.

KESTING, Robert K.
927.) *1992* "Forgotten Victims: Blacks in the Holocaust".
In: *Journal of Negro History* 77: 30-36.

KHALIL, Nassif
928.) *1996* Bericht zur Lebenssituation marokkanischer Kinder und Jugendlicher in Frankfurt am Main,
In: *Polizei in Frankfurt am Main* 31: 38-42.

KHANDRICHE, M.
929.) *1982* Développement et réinsertion, l'exemple de l'émigration algérienne. Alger; Paris.

KHOUMA, P.
930.) *1990* Io, venditore di elefanti. Una vita per forza fra Dakar, Parigi e Milano. Milan.

KIBREAB, Gaim
931.) *1985* African Refugees. Reflections on the African Refugee Problem. Trenton, N.Y.
932.) *1987c* Refugees and Development in Africa. The Case of Eritrea. Trenton, N.J.

KILLINGRAY, David
933.) *1986* All the King's Men? Blacks in the British Army in the First World War, 1914-1918.
In: Lotz, Rainer; Ian Pegg (eds.): Under the Imperial Carpet. Essays in Black History 1790-1850. Crawley.

934.) *1987* Race and Rank in the British Army in the Twentieth Century.
In: *Ethnic and Racial Studies* 10, 3: 276-290.

KILLINGRAY, David (ed.)
935.) *1994* Africans in Britain. Illford, Essex.

KILSON, Martin L.; Robert I. ROTBERG (eds.)
936.) *1976* The African Diaspora. Interpretive Essays. Cambridge.

KINDER, Johann Christian
937.) *1887* Christian Gottlieb, der schwarze Feldtrompeter.
In: Aus der Chronik der Stadt Ploen. Ploen.

KING, Hazel
938.) *1986a* Mojola Agbebi: Nigerian Church Leader.
In: Lotz, Rainer; Ian Pegg (eds.), Under the Imperial Carpet. Essays in Black History 1780-1950. Crawley.
939.) *1986b* Cooperation in Contextualization: Two Visionaries of the African Church-Mojola Agbebi and William Hughes of the African Institute, Colwin Bay.
In: *Journal of Religion in Africa* 16,1: 2-21.

KIRK-GREENE, Anthony
940.) *1969* Pan- Africanism in Paris, 1924-1936.
In: *Journal of Modern African Studies*. April: 69-94.
941.) *1994* Double Elite: African Rhodes Scholars, 1960-90.
In: David Killingray (ed.), Africans in Britain. Illford, Essex.

KITTEL, Ingeborg
942.) *1965* „Mohren als Hofbediente und Soldaten im Herzogtum Braunschweig".
In: *Braunschweigisches Jahrbuch* 46: 48-70.

KLEIN, Herbert S.
943.) *1999* The Atlantic Slave Trade. Cambridge.

KLEMT-KOZINOWSKI, Gisela et al. (Hg.)
944.) *1987* Platz zum Leben gesucht. Lesebuch Asyl. Baden- Baden.

KLEßMANN, Eckart
945.) *1987* Der Mohr in der Literatur der Aufklärung.
In: Institut für Außenbeziehungen und Württembergischer Kunstverein (Hg.), Exotische Welten-Europäische Phantasien. Stuttgart.
946.) *1998* Fürst Pückler und Macbuba. Berlin.

KLINEBERG, Otto; Marisa ZAVALLONI
947.) *1969* Nationalism and Tribalism Among African Students. A Study of Social Identity. Paris; The Hague.

KNIGHT, F. W.; Y. TALIB; P. D. CURTIN.
948.) *1989* The African Diaspora.
In: J.F. Ade Ajayi (ed.), Unesco General History of Africa. Bd.5: Africa in the Nineteenth Century until the 1880s. California.

KOBER, Johannes
949.) *1884* Anjama. Bild des äußeren und inneren Lebens einer Tochter Afrikas. Basel.

KOCH, L.
950.) *1987* Impact of the Reversal of the Migration Situation on the Social Structures of Certain Countries- The Case of Italy.
In: *International Migration* XXVII, 2: 191-202.

KOCHER, André; Stéphane DE TAPIA
951.) *1989* Immigration, habitat et emploi dans une vallée vosgienne en crise.
In: *REMI* 5, 2: 107-120.

KOELSTRA, R.; G. SIMON
952.) *1979* France.
In: R. E. Krane (ed.), International Labor Migration in Europe. New York: 133-44.

KOEPPEN, Hans
953.) *1972* Die Entführung eines Negerknaben aus dem Friedrichkollegium in Königsberg im Jahre 1733. Preußenland.
In: *Mitteilungen der Historischen Kommission für Ost- und Westpreussische Landesforschung und aus den Archiven der Stiftung preussischer Kulturbesitz* 10, 4: 49-56.

KÖFNER, Gottfried; Peter VAN KRIEKEN
954.) *1984* Flüchtlingsprobleme in Afrika und afrikanische Flüchtlinge in der Bundesrepublik Deutschland.
In: *Zeitschrift für Ausländerrecht und Ausländerpolitik* 3: 151-155.
955.) *1985* Rechtsschutz für afrikanische Flüchtlinge.
In: *Zeitschrift für Ausländerrecht und Ausländerpolitik* 1: 24-30.

KÖHLER, C.; H. GÜNTER
956.) *1990* Foreign Workers- From the Necessary Evil to the Backbone of the Industry.
In: J. Fijalkowski (ed.). Berlin.

KÖPSTEIN, Helga
957.) *1966* Zur Sklaverei im ausgehenden Byzanz. Philologisch-historische Untersuchung. (Berliner Byzantinische Arbeiten, Bd.34). Berlin.

KÖRNER, Heiko
958.) *1992* Immigration aus Afrika. Herausforderung für Europa. Bonn.

KOKEMOHR, Rainer; Hans-Christoph KOLLER (Hg.)
959.) *1996* „Jeder Deutsche kann das verstehen." Probleme im interkulturellen Arbeitsgespräch. Weinheim.

KOLB, Johannes Ernst
960.) *1789* Erzählungen von den Sitten und Schicksalen der Negersklaven. Eine rührende Lektüre für Menschen guter Art. Bern.

KONE, Douda
961.) *1995* Passage de relais à Marseille: Noirs africains et maghrébins ensemble dans la ville.
In : *Mondes en Développement: Dynamiques migratoires et recompositions sociales*, 23, 91: 45-54.

KORNER, H.
962.) *o.J.* Return Migration: From Federal Republic of Germany. First European Conference on International Migration, ISA Seminar, Rome, 11-14 Nov. Rom.

KOSLOW, D. R.; E. SAKETT
963.) *1994* Race, Ethnicity and Self Identity in Multicultural Identity. Washington D.C.

KOTCHY, Barthélémy
964.) *1984* La critique sociale dans l'œuvre théâtrale de Bernard Dadié. Paris.

KRABBENBORG, Mirjam
965.) *1995* De religieuze beleving van enkele Afrikanenin Zuid-Nederland en in de door Afrikanen geleide Acts Revival Church in Den Haag: een godsdienstwetenschappelijke terreinverkenning. (Doctoraalscriptie Theologische Faculteit Tilburg.)

KREMSER, Manfred (Hg.)
966.) *1998* Die digitale Diaspora afrikanischer Religionen im Cyberspace. (Afrika und seine Diaspora, Bd.2). Wien.
967.) *2000* Die digitale Diaspora afrikanischer Religionen im Cyberspace. (Afrika und dieDiaspora, Bd.2).Hamburg.

968.) *2001* ADDR- Afrikanische Digitale Diaspora Religionen. Münster; Hamburg.

KRON, Stefanie
969.) *1996* „Fürchte Dich nicht, Bleichgesicht!" Perspektivwechsel zur Literatur afro- deutscher Frauen. Münster.

KRÜGER, Wilhelm
970.) *1969* Hierbey Een Swarte Jong. (Von Negerjungen auf Sylt).
In: *Die Heimat. Monatsschrift des Vereins zur Pflege der Natur- und Landeskunde in Schleswig-Holstein und Hamburg* 76, 3: 83-84.

KRÜGER-POTRATZ, Marianne
971.) *1992* Anderssein gab es nicht: Ausländer und Minderheiten in der DDR. Münster.

KRUSCHE, Lutz
972.) *1975* Sündenböcke der Nation –Frankreich und seine algerischen Gastarbeiter am Beispiel Marseille.
In: *Frankfurter Rundschau* Nr.200, 30.8.75.

KUEPPER, W. G.; G. L. LACKEY; E. N. SWINNERTON
973.) *1975* Ugandan Asians in Great Britain: Forced Migration and Social Absorption. London.

Kulturaustausch International e.V. (Hg.)
974.) *1995* Schwarze Künstler in der Bundesrepublik Deutschland.
In: Sonderheft *IKA- Zeitschrift für Kulturaustausch*. (Hamburg, April).

Kulturbehörde der Freien und Hansestadt Hamburg (Hg.)
(WESTERMANN, Verena (Redaktion))
975.) *1998* Wir in Hamburg-Kulturinitiativen aus aller Welt; ein Handbuch für die interkulturelle Praxis in der Freien und Hansestadt Hamburg. Hamburg.

KUMA N'DUMBE, Alexandre
976.) *1992* Was will Bonn in Afrika? Pfaffenweiler.

KUMPFMÜLLER, Karl A. (Hg.)
977.) *2000* Europas langer Schatten-Afrikanische Identitäten zwischen Selbst-und Fremdbestimmung Fankfurt/M.; Wien.

KUSHNICK, L.
978.) *1981/82* Parameters of British and North American Racism.
In: *Race and Class* 23, 2/3: 187-205.

KWALANDA, Miriam; Birgit Theresa KOCH
979.) *1999* Die Farbe meines Gesichts. Lebensreise einer kenianischen Frau. Frankfurt.

LAACHER, ?
980.) *1987* Questions de nationalité. Histoire et enjeux d'un code. Paris.

LAKE, Obiagele
981.) *1995* Toward a Pan-African Identity-Diaspora African Repatriates in Ghana.
In: *Anthropological Quarterly* 68, 1: 21-36.

LAILA, Y. A.
982.) *1981* Integration und Entfremdung. Zur Situation ausländischer Studenten in der Bundesrepublik Deutschland. (Afrikanisch-asiatische Aspekte, Bd.1). Göttingen.

LAMBO, Roger
983.) *1994* Achtung! The Black Prince:West Africans in the Royal Air Force, 1939-46.
In: David Killingray (ed.), Africans in Britain. Illford, Essex.

LAMMING, G.
984.) *1953* In the Castle of My Skin. London.
985.) *1992* Natives of my Person. Ann Arbor, Mich.

LANGER, Otto
986.) *1891* Sklaverei in Europa während der letzten Jahrhunderte des Mittelalters. Bautzen.

LANNES, Xavier
987.) *1953* L'immigration en France depuis 1945. La Haye.

LARIGNON,
988.) *1991a* Les associations nées de l'immigration en provenance d'Afrique noire et certains aspects de leurs relations avec le pays d'origine. FAS, Paris. (Rapport de stage).
989.) *1991b* L'immigration des travailleurs d'Afrique Subsaharienne en France: Synthèse et bibliographie. Univ. Paris Sorbonne. Paris. (DESS Développement et Coopération; annexe au rapport de stage effectué au FAS).

LARQUIÉ, C.
990.) *1970* Les esclaves de Madrid à l'époque de la décadence 1650-1700.
In: *Revue historique*, Tome 224: 41-74.

LARTEY, E. Y.
991.) *1986* Pastoral Counselling in Inter- Cultural Perspective: A Study of Some African (Ghanaian) and Anglo- American Views on Human Existence and Counselling.
In: *Studies in the Intercultural History of Christianity*, No.43. Frankfurt a.M.

LARY, H. de
992.) *1986* Le sejour et l'emploi des algeriens en France: après l'avenant du 22 decembre1985 aux accords du 27 decembre 1968.
In: *Hommes et Migrations* 109: 36-38.

LAVERDINES, Georges
993.) *1978* Le rôle des immigrés dans l'économie française.
In: *Etudes*, Mai 1978.

LAVIGNE DELVILLE, P.
994.) *1990* Les projets de développement initiés par les migrants.
In: *Hommes et Migrations*, 1131: 25-28.
995.) *1991a* Irrigation, émigration et sécurité alimentaire sur le fleuve Sénégal.
In: *Cahiers des Sciences Humaines* 27, 1/2: 105-106.
996.) *1991b* Migration et structuration associative dans la moyenne vallée du Sénégal.
In: B. Crousse et al., (direc.), La vallée du fleuve Sénégal, évaluations et perspectives d'une décennie d'aménagements Paris: 117-139.

LAWÄTZ, Ferdinand Otto Vollrath
997.) *1797* Gemälde der Sklaverei in Schleswig Holstein. Hamburg.

LAWRENCE, D.
998.) *1974* Black Migrants and White Natives. Cambridge.

LAYTON -HENRY, Zig
999.) *1984* The Politics of Race in Britain. London.
1000.) *1985a* Race and Politics in Britain. Warwick.
1001.) *1985b* Immigration and Race Relations: Political Aspects- No.12.
In: *New Community* 12, 2: 333-338.
1002.) *1992* The Politics of Immigration: Immigration, 'Race' and 'Race Relations' in Post- War Britain. Oxford.

LAZAAR, M.
1003.) *1987* Consequences de l'émigration dans les montagnes du rif central (Maroc).
In: *REMI* 3, 1/2: 97-114.

LAZARI, Cav. Vincenzo
1004.) *1862* Del traffico e delle condizioni degli schiavi in Venezia nei tempi di mezzo.
In: Miscellanea di Storia Italiana. Bd.1. Torino: 463-497.

LAZZARINI, Vittorio
1005.) *1923/24* Un ambasciata etiopica in Talia nel 1404. Atti des Reale Istituto Veneto di Scienze.
In: *Lettere e Arti, Anno Accademico* 1923-1924, 83, 2: 839-847.

LEBON, André
1006.) *1985* Les populations étrangers en Europe.
In: *REMI* 1, 2: 187ff.
1007.) *1986* Les travailleurs étrangers en Europe. Combien sont-ils? Où travaillent-ils?
In : *REMI* 2, 3: 169-184.
1008.) *1987* Immigration et présence étrangère. Le rapport Sopemi France de 1984 à 1986.
In : *Hommes et Migrations* 1103: 33-44.

LEBZELTER, Gisella
1009.) *1985* Die "Schwarze Schmach". Voruteile- Propaganda- Mythos.
In: *Geschichte und Gesellschaft* 11: 37-58.

LECLERQ, Robert-Jean
1010.) *1985* Génération de cités: conditions de vie et revendication collectives.
In: *REMI* 1, 2:161-170.

LECONTE, Fabienne
1011.) *1996* La famille et les langues- une étude sociolinguistique de la deuxième génération de l'immigration africaine dans l'agglomération rouennaise. Paris.

LEDDERHOSE, Karl Friedrich
1012.) *1867* Aus dem Leben der Galla-Negerin Pauline Johanne Fathme. Basel.

LEE, Trevor R.
1013.) *1977* Race and Residence. The Concentration and Dispersal of Immigrants in London. Oxford.

Lehrerkooperative - Bildung und Kommunikation e.V. (Hg.)
1014.) *1993* Späte Heimatkunde. Eine Gruppenreise nach Eritrea. Frankfurt/ M.: Lehrerkooperative- Bildung und Kommunikation e.V. (Hg.)

LEIB, J.
1015.) *1986* Neuere Ergebnisse über die Auswirkungen der Gastarbeiterrückwanderung in den mediterranen Herkunftsländern.
In: *Geographische Forschung in Marburg*: 38-62.(Marburger Geographische Schriften, 100.)

LEIP, Hans
1016.) *1927* Der Nigger auf Scharhörn. Hamburg.

LEGGEWIE, Claus
1017.) *1978* Historische Vorbedingungen, Strukturmerkmale, Funktion und Wandel der algerischen Arbeitsemigration nach Westeuropa. In: ders., Migration und Wirtschaftsentwicklung. Frankfurt.

LEGRIS, Michel
1018.) *1963* Quarante mille esclaves volontaires: les travailleurs noirs en France.
In: *Le Monde*, Feb. 22, 23, 24.

LELIEVRE, E.
1019.) *1987* Migrations définitives vers la France et constitution de la famille.
In: *REMI* 3, 1/2: 35-53.

LE MASNE, H.
1020.) *1982* Le retour des émigrés algériens.Paris.

LE MOIGNE, G.
1021.) *1986* L'immigration en France. Paris. (collection „ Que sais-je?").

LEMBKE, I. (Hg.)
1022.) *1994* Ausländische Gemeinden in den Ökumenen vor Ort: Afrikanische Gemeinden in Hamburg und Berlin. (unpublished paper).

LEMELLE, Sidney J. (ed.)
1023.) *1994* Imagining Home: Class, Culture, and Nationalism in the African Diaspora. London et al.

LEMESLE, Raymond
1024.) *1991* Les régimes de securité sociale du travailleur migrant africain. Paris.

LEMOINE, M.
1025.) *1989* Effects of Migration on Family Structure in the Receiving Country.
In: *International Migration* XXVII, 2: 271-280.

LENZ, Jakob Michael Reinhold
1026.) *1910* Versuch über das erste Prinzipium der Moral.
In: Franz Blei, Gesammelte Schriften, 4. Bd. München, Leipzig.

LEOETTI, I.; F. LEVI
1027.) *1979* Femmes et immigrés. Paris.

LERICOLLAIS, André
1028.) *1975* Peuplement et migrations dans la vallée du Sénégal.
In: *Cahiers de l'O.R.S.T.O.M., Série Sciences Humaines* 12: 123-135.

LESOURNE, Jacques
1029.) *1986a* Flux migratoires.
In: *Hommes et Migrations* 1089: 18-28, 51.
1030.) *1986b* The Immigration Issue.
In: *Futures* 18, 6: 738-747.

Les Temps Modernes
1031.) *1985* L'immigration maghrebine. Paris.

LESTER, Rosemarie K.
1032.) *1986* Blacks in Germany and German Blacks: A Little- Known Aspect of Black History.
In: Grimm, Reinhold; Jost Herrmand (eds.), Blacks and German Culture. Madison: 113-134.

LEUWERS, Daniel
1033.) *1986* Léopold S. Senghor. Marseille.

LEVEAU, Rémy; Werner RUF (Hg.)
1034.) *1991* Migration und Staat. Inner-und intergesellschaftliche Prozesse am Beispiel Algerien, Türkei, Deutschland und Frankreich. Hamburg; Münster.

LILIENTHAL, Georg
1035.) *1980* Rheinlandbastarde. Rassenhygiene und das Problem der rassenideologischen Kontinuität,
In: *Medizinhistorisches Journal* 15: 426-437.

LINDFORS, Bernth
1036.) *o.D.* The Hottentot Venus and other African Attractions in Nineteenth Century England. Vortrag, gehalten anläßlich der "International Conference on The History of Blacks in Britain, From Roman Times to the Mid-Twentieth Century", vom 28.-30. September 1981, University of London, Institute of Education. London.
1037.) *1979* A Zulu View of London.
In: *Munger Africana Library Notes*, 48.
1038.) *1985* Courting the Hottentot Venus.
In: *Africa (Rome)* 40: 133-148.
1039.) *1991* Ethnological Show Business. Footlighting the Dark Continent. (Paper given to the conference on 'The African Presence in the UK', Africa Centre). London.
1040.) *1996* Hottentot, Bushman, Kaffir: Taxonomic Tendencies in Nineteenth- Century Racial Iconography.

In: *Nordic Journal of African Studies* 5, 2: 1-30.

LINDFORS, Bernth (ed.)
1041.) *1999* Africans on Stage: Studies in Ethnological Show Business. Bloomington; Cape Town et al.

LINSE, H.
1042.) *1905* Ter nagedachtenis von Aquasie Boachi, prins van Ashanti.
In: Februarheft der Mitteilungen der „*Vereeniging von Delftscher Ingenieurs*" 1905: 1-15.

LIPEDE, Abiola
1043.) *1986* Herbert Heelas Macaulay.
In: Lotz, Rainer; Ian Pegg, Under the Imperial Carpet. Essays in Black History 1780-1950. Crawley: 78-83.

LIPSCHUTZ, Mark R.; R. Kent RASMUSSEN
1044.) *1978* Dictionary of African Historical Biography. London et al.

LITTLE, Kenneth
1045.) *1948* Negroes in Britain. A Study of Racial Relations in English Society. London.

LITTLE, Monroe H.
1046.) *1998* The Black Military Experience in Germany: From the First World War to the Present.
In: McBride, David; Leroy Hopkins; Carol Aisha Blackshire-Belay (Hg.), Crosscurrents: African Americans, Africa, and Germany in the Modern World. Columbia: 177-196.

LIVI, Ridolfo
1047.) *1928* La schiavitù domestica nei tempi di mezzio e nei moderni; ricerche storiche di un antropologe. Padova.

LOCHNER, Norbert
1048.) *1958* Anton Wilhem Amo. Ein Gelehrter aus Ghana im Deutschland des 18. Jahrhunderts.
In: *Überseerundschau* 10, 1: 22-25.

LÖFFELHOLZ v. COLBERG, Dagmar
1049.) *1987* Migranten aus Ghana in der Bundesrepublik Deutschland- Opfer oder Unternehmer? Berlin. (Magisterarbeit am Institut für Ethnologie an der FU Berlin.)

LOHMEIER, Dieter
1050.) *1994* Sklaven- Zucker- Rum. Dänemark und Schleswig-Holstein im Atlantischen Dreieckshandel. Katalog zur Ausstellung der Schleswig- Holsteinischen Landesbibliothek 20. Februar bis 10. April 1994. Heide in Holstein.

LOKWOOD, D.
1051.) *1970* Race, Conflict and the Plural Society.
In: S. Zubaiba (ed.), Race and Racialism. London: 57-72.

LOPES FILHO, João
1052.) *1980* O emigrante cabo-verdiano em Lisboa.
In: *Àfrica-Literatura, Arte e Cultura*, 9, Band 2: 444-453.

LÓPEZ GARCÍA, B. et al.
1053.) *1993* Inmigración magrebí en Espana: el retorno de los moriscos. Madrid.

LORBEER, Marie; Beate WILD (Hg.)
1054.) *1991* Menschenfresser, Negerküsse. Das Bild vom Fremden im deutschen Alltag. Berlin.

LORDE, Audre
1055.) *1992* „Gefährtinnen, ich grüße euch".
In: K. Oguntoye et al. (Hg.), Farbe bekennen: Afro-deutsche Frauen auf den Spuren ihrer Geschichte. Frankfurt/M.

LORIMER, Douglas O.
1056.) *1978* Colour, Class and the Victorians. English Attitudes to the Negro in the Mid- Nineteenth Century. Leicester.
1057.) *1984* Black Slaves and English Liberty. A Re- Examination of Racial Slavery in England.

In: *Immigrants and Minorities* 3, 2: 121-150.
LOSADA CAMPO, T.
1058.) *1989* Segunda generación de inmigrantes marroquí.
In: M.A. Roque (ed.), Movimientos humanos en al Mediterráneo Occidental: simposium international. Barcelona.

LOTZ, Rainer
1059.) *1997* Black People: Entertainers of African Descent in Europe and Germany. Bonn.

LOTZ, Rainer; Ian PEGG (eds.)
1060.) *1986* Under the Imperial Carpet. Essays in Black History 1780-1950. Crawley.

LUCH, Dieter
1061.) *1990* Ausländische Studenten in der Bundesrepublik. Flüchtlinge, Gastarbeiterkinder, ungeliebte Gäste?
In: *Beiträge zur Hochschulforschung*, 3: 209-242.

LUDWIG, F.
1062.) *1992* Die Entdeckung der Schwarzen Kirchen: Afrikanische und afro-karibische Gemeinden in England während der Nachkriegszeit.
In: *Archiv für Sozialgeschichte* 32: 131-159.

LUNN, Joe
1063.) *1991* "La chasse à l'homme": French Military Recruitment in Rural Senegal, 1914-1917: an African Oral History. Annual Meeting of the African Studies Association, 23, 34. in St. Louis, Missouri, no.1992: 59.

LUNN, Kenneth
1064.) *1986* Race and Labour in Twentieth Century Britain. London.

LUTHRA, Mohan
1065.) *1997* Britain's Black Population- Social Change, Public Policy and Agenda. Aldershot.

LUZIO, Alessandro; Rodolfo RENIER
1066.) *1891* Buffoni, nani e schiavi dei gonzaga ai tempi d'Isabella d'Este.
Nuova Antologia die Scienze.
In: *Lettere ed Arti*, Terza Serie, Vol. Trentaquattresimo della Raccolta Vol. 113, 4: 618-650, und: ibid., Vol.119, 5: 112-146.

LY, Abdoulaye
1067.) *1957* Mercenaires noirs. Paris.

LYNCH, Hollis R.
1068.) *1967* Edward Wilmot Blyden: Pan-Negro Patriot 1832-1912. London.

MACCHERONI, Carlo
1069.) *1988* Le migrazioni dall'Africa mediterranea verso l'Italia atti del convegno organizzato dall'Istituto di Metodi Quantitativi dell'Universita „ L. Bocconi" e dalla Fondazione Finafrica, (Milano 3 octobre 1988). Milano.

MacDONALD, I.
1070.) *1969* Race Relations and Immigration Law. London.

MACHADO, Fernando Luìs Lopes
1071.) *1991* Etnicidade em Portugal- O caso dos imigrantes guineenses. (unveröffentl. Manuskript.)
1072.) *1994* Luso-africanos em Portugal: nas margens da etnicidade.
In : *Sociologia – Problemas e Pràticas* 16: 111-134.

MACIOTI, Maria-Immacolata
1073.) *1989* Foreign Immigration: Facts, Problems, Legislation.
In: *La Critica Sociologica* 89: 125-128.
1074.) *1990* Un aperçu des recherches sur les migrations en Italie.
In: *REMI* 6, 2: 173-182.

MacKENZIE, Catriona
1075.) *1994* Inside but Out: Africans and UK Immigration Controls. African Churches Council for Immigration and Social Justice (ACCIS), with CCRJ. London.

MacNAIR, Wallace Y.
1076.) *1993* The African Connection: A Study of Black Behaviour. Denver.

MAGALHAES-GODINHO, Vitorino
1077.) *1969* L'économie de l'empire portugais aux Xve et XVIe siècles. Paris.

MAHJOUB, A; A. BELHEDI
1078.) *1996* Migration internationale : contenu, effets et enjeux: cas de la Tunisie.
In: *Cahiers de CERES, Série Géographique,* 16. Tunis.

MAHOT, Patricia
1079.) *1983* Une epopée sans joie.
In: *Hommes et Migrations* 1051: 5-9.

MAHR, Dieter
1080.) *1989a* Schwarzer Student - weißer Professor: Studie zu Interpretationsleistungen und Legitimierungs-prozessen in Interaktionssituationen bei schwarzafrikanischen Landwirtschaftsstudenten in der BRD. Frankfurt/M. (Diss.)
1081.) *1989b* Schwarzer Student- weißer Professor: Interaktionsstudie zu Legitimationsproblemen bei schwarzafrikanischen Landwirtschaftsstudenten an Hochschulen der Bundesrepublik Deutschland. Frankfurt/ M.

MAKANYA, Stella Tandai
1082.) *1994* The Desire to Return. Effects of Experiences in Exile on Refugees Repatriating to Zimbabwe in the Early 1980s.
In: Allen, Tim; Hubert Morsink (eds.), When Refugees go Home. African Experiences. Trenton, New Jersey.

MALGESINI, Graciela; Martina FISCHER
1083.) *1998* "Der Tod ist besser als das Elend": Spanien und das Mittelmeer als Schleuse für die Einwanderung aus dem Süden.
In: Martina Fischer (Hg.), Fluchtpunkt Europa. Migration und Multikultur. Frankfurt / M.

MAMDANI, M.
1084.) *1973* From Citizen to Refugee: Uganda Asians Come to Britain. London.
1085.) *1993* The Ugandan Asian Expulsion : Twenty Years After.
In: *Journal of Refugee Studies* 6, 3: 274-85.

MA MUNG, Emmanuel
1086.) *1983* L'impact des transfers migratoires dans la ville de M'saken (Tunisie).
In: *REMI* 2, 1: 163-178.
1087.) *1990* L'expansion du commerce ethnique: asiatiques et maghrébins dans la région parisienne.
In: *REMI* 8, 1: 39-59.

MA MUNG, Emmanuel; Michelle GUILLON
1088.) *1986* Les commerçants étrangers dans l'agglomération parisienne.
In: *REMI* 2, 3: 105-134.

MA MUNG, Emmanuel; Gildas SIMON
1089.) *1990* Commerçants maghrébins et asiatiques en France: agglomération parisiènne et villes de l'est. Paris.
1090.) *1991* Stratégies d'investissement et redéploiement spatial des émigrés dans quatre pays d'origine: Maroc, Tunisie, Turquie, Sénégal. Tome 1. Poitiers.

MANCHESTER CITY PLANNING DEPARTMENT
1091.) *1982* Ethnic Minority Groups in Manchester. Manchester.

MANCHUELLE, François
1092.) *1986* Origins and Impact of Soninke Migrations from Senegal and Mali to France. Presentation at the annual meeting of the (U.S.) American Historical Association, Chicago, 28 Dec. 1986. (Unpublished.)
1093.) *1987* Background to Black African Emigration to France: the Labor Migrations of the Soninke, 1848-1960. Santa Barbara. (PhD. dissertation).
1094.) *1989a* The Patriarchal Ideal of Soninke Labor Migrants: From Slave Owners to Employers of Free Labor Migrants.
In: *Canadian Journal of African Studies* 23: 106-125.
1095.) *1989b* Slavery, Emancipation and Labor Migration in West Africa: The Case of the Soninke.
In: *Journal of African History* 30: 89-106.
1096.) *1997(85)* Willing Migrants. Soninke Labor Diasporas, 1848-1960. Athens, Ohio.

MANFRASS, Klaus
1097.) *1984* Erfahrungen mit der Rückkehrbeförderung in Frankreich.
In: *Informationsdienst zur Ausländerarbeit* 1: 52-54.
1098.) *1992* Europe: South-North or East-West Migration?
In: *International Migration Review* XXVI, 2: 388-400.

MANGIN, Charles
1099.) *1909* Soldates noirs en Europe.
In: *Questions Diplomatiques et Coloniales* 13, 28: 449-460.

MANLEY, D. R.
1100.) *1959* The Social Structure of the Liverpool Negro Community With Special Reference to the Formation of Formal Associations. Liverpool. (unpubl. PhD. thesis University of Liverpool).

MANLEY, M.
1101.) *1991* Africa and the Diaspora.
In: R. Uwechue (ed.), Africa Today. London: 352-360.

MAPPA, Sophia
1102.) *1990* Ambitions et illusions de la coopération nord-sud (Tomé IV). Paris.

MARFAING, Laurence
1103.) *2000* Le retour des migrants, mythes et réalités: le cas des Sénégalais en Allemagne.
In: C. Coquery-Vidrovitch, Etre étranger et migrant en Afrique au XXe siècle. Paris.

MARFAING, Laurence; Brigitte REINWALD (Hg.)
1104.) *2001* Afrikanische Beziehungen, Netzwerke und Räume. Hamburg; Münster. (i.Vorbereitung).

MARGLIN, F.A.
1105.) *1981* Kings and Wives: The Separation of Status and Royal Power.
In: *Contributions to Indian Sociology* (N.S.) 15: 155-182.

MARIE, Claude-Valentin
1106.) *1983a* L'immigration clandestine en France.
In: *Hommes et Migrations* 1059: 4-21.
1107.) *1983b* L'immigration clandestine et le travail clandestin des étrangers en France à travers de la regularisation des „sans papiers" de 1981-82. Paris.
1108.) *1985* De la clandestinité à l'insertion professionelle.
In: *Hommes et Migrations* 1080: 29-43.
1109.) *1989* Le logement des étrangers.
In: *Hommes et Migrations* 1127: 43-52.
1110.) *1991* Immigration: an akward issue.
In: *The Courier* 129: 41-45.
1111.) *1992* Les étrangers non- salariés en France, symbole de la mutation économique des années 80.
In: *REMI* 8, 1: 27-38.

MARIENSTRAS, R.
1112.) *1989* On the Notion of Diaspora.
In: G. Chaliand (ed.), Minority Peoples in the Age of Nation States. London.

MARK, Peter
1113.) *1974* Africans in European Eyes: The Portrayal of Black Africans in Fourteenth and Fifteenth Century Europe. New York.

MARKE, Ernest
1114.) *1975* Old Man Trouble. London.

MARQUÉS, I.
1115.) *1994* Emigrantes... mis hermanos: vivencias de diez anos haciendo amigos en el Centro de Acogida para Africanos San Pablo de Mataró (Barcelona). Madrid.

MARRET, C.B.; C. LEGGON (ed.)
1116.) *1982* Research in Race and Ethnic Relations: A Research Annual. Bd.3.
1117.) *1993* Resettlement of Ugandan Asians in Leicester.
In: *Journal of Refugee Studies* 6, 3: 248-59.

MARTÍN, E.
1118.) *1992* Inmigrantes africanos sobreviven en el Llano de Zafarraya soportando condiciones infrahumanas.
In: *El Comarcal* 13: 1-5.

MARTIN, Peter
1119.) *1990* Schwarze Teufel, edle Mohren. Afrikaner in Bewußtsein und Geschichte der Deutschen. Hamburg.
1120.) *1996* Die Kampagne gegen die „Schwarze Schmach" als Ausdruck konservativer Visionen vom Untergang des Abendlandes.
In: Gerhard Höpp (Hg.), Fremde Erfahrungen. Asiaten und Afrikaner in Deutschland, Österreich und in der Schweiz bis 1945. Berlin: 211-229.

MARTINEZ, Rodrigo Antonio
1121.) *1987* España, pais de immigración.
In: *Revista de Fomento Social* 42, 167: 259-279.

MARTINEZ, Antonio
1122.) *1991* Le débat sur l'immigration en Espagne.
In: *Migrations Société* 13: 61-76.

MARTÍNEZ VEIGA, U.
1123.) *1997* La integración social de los inmigrantes extranjeros en Espana. Madrid.

MARTINIELLO, Marco
1124.) *1990* Italie 1990: vers la société multiculturelle.
In: *Hommes et Migrations* 1137: 15-19.

MARTINKUS-ZEMP, Ada
1125.) *1973* Européocentrisme et exotisme: l'homme blanc et la femme noire (dans la littérature française de l'entre deux guerres).
In: *Cahiers d'Études Africaines* XIII: 60-82.

MARUJO, Antònio
1126.) *1994* Os africanos em Portugal não cabem nos censos.
In: *Pùblico*, 17. November: 2-3.

MAS, Paolo de
1127.) *1991* Marokkaanse migratrie naar Nederland. Perspectief vanuit de herkomstgebieden.
In: *Internationale spectator: Ontwikkelingsserie* 45, No.3.

MASNE, Henri le
1128.) *1974* Les émigrés algériens et la perspective du retour, Les projets de 80 émigrés de la région Rhône-Alpes. Alger. (Mémoire pour le Diplôme d'Etudes Supérieures de Sciences Politiques, Université d'Alger).

MASSAQUOI, Hans-Jürgen
1129.) *1999* „Neger, Neger, Schornsteinfeger!" Meine Kindheit in Deutschland. Bern.

MASSEY, D.
1130.) *1990* Social Structure, Household Strategies, and the Cumulative Causation of Migration.
In: *Population Index* 56, 1: 3-26.

MASON, P.
1131.) *1970* Race Relations. London.

MASSOT, Jean
1132.) *1985* Français par le sang, français par la loi, français par le choix.
In: *REMI* 1, 2: 9-19.

MATHESON, James Henry E.
1133.) *1991* Immigration Issue in the Community. An ACP View.
In: *The Courier* 129: 56-59.

MATHIESON, W. L.
1134.) *1926* British Slavery and Its Abolition. London.

MATHOREZ, J.
1135.) *1919* Les étrangers en France sous l'ancien régime. Paris.

MATTHIES, Volker
1136.) *1989* Flüchtlingsprobleme und Flüchtlingspolitiken am Horn von Afrika 1960-1988.
In: *Afrika Spectrum* 24, 1: 5-23.
1137.) *1991* Flüchtlinge aus Afrika-Asyl bei den Deutschen. Fluchtbewegungen am Horn von Afrika.
In: *Zeitschrift für Kulturaustausch* 41, 1: 65-74.

MAURIENNE,
1138.) *1963* La nouvelle traite des noirs.
In: *Révolution Africaine* (Algiers), no. 13, 27 (Apr.)

MAZA, Sarah C.
1139.) *1983* Servants and Masters in Eighteenth- Century France. Princeton, NJ.

MAZIMPAKA, Thomas
1140.) *1998* Ein Tutsi in Deutschland- Das Schicksal eines Flüchtlings. Leipzig.

MAZOUZ, Mohammed
1141.) *1984a* La Tunisie et l'immigration tunisienne en France. Paris.
1142.) *1984b* Le Maroc et l'immigration marocaine en France. Paris.
1143.) *1988* Les marocains en Ile- de France. Paris.

MBAIPOR, D. C.
1144.) *1994* Impact de l'émigration internationale dans le développement local de la région de Saint-Louis; cas des villages de Thiemping et Sringho- Sebbe. Dakar. (Mémoire de fin d'études).

MBOUP, M.
1145.) *1993* Les immigrés sénégalais d'Italie face au marché de l'emploi. Un dilemme: commerce ambulant ou embauche? Genf. (Mémoire de fin d'études par l'obtention du diplôme Etudes en Développement).

McALLISTER, I.; D. STUDLAR
1146.) *1984* The Electoral Geography of Immigrant Groups in Britain.
In: *Electoral Studies* 3: 139-50.

McBRIDE, David; Leroy HOPKINS; Carol Aisha BLACKSHIRE-BELAY (ed.)
1147.) *1998*   Crosscurrents: African Americans, Africa, and Germany in the Modern World. Columbia.

McCLOY, Shelby T.
1148.) *1961*   The Negro in France. Kentucky.

McGILCHRIST, Paul; Jeffrey GREEN
1149.) *1983*   Some Recent Research Findings on Samuel Coleridge-Taylor.
In: *Black Perspective in Music* 13, 2: 151-78.

McMURRY, D. A.
1150.) *1992*   The Contemporary Culture of Nador, Morocco, and the Impact of International Labor Migration. University of Texas at Austin. (Ph.Diss.).

McROBERT, Ian
1151.) *1989*   The New Black-led Pentecostal Church in Britain.
In: R. Badham, Religion, State and Society in Modern Britain. Lampeter.

MEDEIROS, François de
1152.) *1972-73* Recherche sur l'image des noirs dans l'occident médiéval. Paris.

MEDIAVILLA, Victor Herrero (ed.)
1153.) *1999*   African Biographical Index. (4 Bde.) München.

MEHLEM, Ulrich
1154.) *1997*   Zweisprachigkeit marokkanischer Kinder in Deutschland.
Untersuchungen zu Sprachgebrauch, Spracheinstellungen und Sprachkompetenzen marokkanischerKinder in Deutsch, marokkanischem Arabisch und Berber (Masirisch) in Dortmund. Frankfurt/ M.

MEILLASSOUX, Claude
1155.) *1990*   Chez eux et chez nous!
In: *Hommes et Migrations* 1131: 29-32.

MEINTEL, Deindre
1156.) *1984*   Emigração em Cabo Verde. Solução ou problema?
In: *Revista Internacional des Estudos Africanos* 2: 93-120.

MELANDER, Göran; Peter NOBEL (eds.)
1157.) *1978*   African Refugees and the Law. Uppsala.

MELOTTI, Umberto
1158.) *1980*   La nuova immigrazione a Milano. I primi dati di una ricerca. Milano.
1159.) *1985*   Stranieri a Milano: Volti di una nuova immigrazione. Milano.
1160.) *1988*   Le immigrazioni dal Terzo Mundo in Italia con particolare riferimento alla Lombardia.
In: *Studi Emigrazione* 25, 91/ 92: 493-514.

MERGNER, Gottfried; Ansgar HÄFNER (Hg.)
1161.) *1989*   Der Afrikaner im deutschen Kinder- und Jugendbuch. Untersuchungen zur rassistischen Stereotypenbildung im deutschen Kinder- und Jugendbuch von der Aufklärung bis zum Nationalsozialismus. Hamburg.

MERRIMAN, N. (ed.)
1162.) *1993*   The Peopling of London. London.

MERRIMAN-LABOR, A. B. C.
1163.) *1909*   Britons Through Negro Spectacles. London.

MESOVIC, Bernd
1164.) *1995*   Vor der Tür des Gesetzes: Der Streit um die Zurückschiebung sudanesischer Flüchtlinge. Dokumentation eines Einzelfalls. Frankfurt/M.

MESSAOUD, A; A. GILETTE
1165.) *1984*   L'émigration algérienne en France. Paris.

MESTIRI, Ezzedine
1166.) *1988* Les immigrations maghrébins.
In: *Hommes et Migrations* 1114: 63-71.

MEYER, Sybille; Iris PILLING
1167.) *1990* Migration und Rassismus in Westeuropa. Historie, aktuelle Tendenzen, Gegenöffentlichkeit.
In: *Außerschulische Bildung* 2: 127-130.

MEYZE, Chantal; Léna ROSE
1168.) *1983* Les „Bana-Bana" esclaves de nos trottoirs.
In: *Hommes et Migrations* 1051: 25-31.

MICHEL, Andrée
1169.) *1956* Les travailleurs algériens en France. Paris.

MIGRINTER, ?
1170.) *1986* Les maghrébins de la régie Renault: solidarités communautaires et implications au Maghreb.
In: *REMI* 2, 1: 137-162.

MILES, R.
1171.) *1982* Racism and Immigrant Labour. London.

MILLER, Floyd J.
1172.) *1975* The Search for a Black Nationality: Black Colonization and Emigration 1787-1863.

Ministère du travail et de la participation
1173.) *1978* Bulletin mensuel des statistiques du travail, Supplément 62.

Ministerio dell'Interno
1174.) *1997* Rilevazione dei dati statistici sugli stranieri in Italia al 31 dicembre 1996. Rom.

Minority Rights Group
1175.) *?* Co- Existence in Some Plural European Societies. Report No.72. London: Minority Rights Group.

MIRET Y SANS, Joaquin
1176.) *1917* La esclavitud en Cataluna en los ultimos tiempos de la edad media.
In: *Revue Hispanique* 41: 1-109.

MIRZA, Heide Safia
1177.) *1997* Black British Feminism. London.

MODOOD, T.
1178.) *1992* Not Easy Being British: Colour, Culture, and Citizenship.
1179.) *1994* Racial Equality: Colour, Culture and Justice,
Comission on Social Justice, Issue Paper No. 5,
Institute of Public Policy Research.

MÖHLE, Heiko (Hg.)
1180.) *1999* Branntwein, Bibeln und Bananen. Der deutsche Kolonialismus in Afrika- eine Spurensuche in Hamburg. Hamburg.

MOORE, R.
1181.) *1975* Racism and Black Resistance in Britain. London.

MORALES LESCANO, V.
1182.) *1993* Inmigración africana en Madrid: marroquíes y guineanos (1975-1990). Madrid.

MORO, C. (ed.)
1183.) *1992* Problemas culturales de la integración social de los inmigrantes: la nueva España y la cuenca sur del Mediterraneo. Madrid: Fundación Humansimo y Democracia: 77-105.

MOROKVASIC, M.
1184.) *1984* Migration in Europe. Trends in Research and Sociological Approaches. Perspectives from the Countries of Origin and Destination (1960-1983).
In: *Current Sociology* 32, 3: Seiten.

MOULIER, Y.; G. TAPINOS
1185.) *1979* France.
In: D. Kubat (ed.), The Politics of Migration Policies. Center for Migration Studies. New York.

MOULIER-BOUTANG, Yanu; J.-P. GARSON; Roxane SILBERMAN
1186.) *1986* Economie politique des migrations clandestines de main d'œuvre. Comparaisons internationales et exemple français. Paris.

MOULY, Raymond
1187.) *1959* Sidney Bechet notre ami. Paris.

MOUNIR, Salah
1188.) *1193* L'intégration récente du Tadla dans le système migratoire international.
In: *Revue de Géographie du Maroc* N.S., 1/ 2 : 3-26.

MUKASA, Ham
1189.) *1975* Sir Apolo Kagwa Discovers Britain. London. (Orig. 1904).

MÜLLER, Martina
1190.) *1993* Afrikaner in Berlin. Berlin.

MULDER, Anneke
1191.) *1991* Was wollt ihr noch hier? Warum geht ihr nicht nach Afrika zurück? Zur Lage der mosambikanischen KontraktarbeiterInnen in der DDR-nach der deutsch-deutschen Vereinigung und wieder zu Hause in Mosambik.
In: *Querbrief* 4: 4ff.

MUNDT, Theodor
1192.) *1840* Völkerschau auf Reisen. Stuttgart.

MUNOZ-PEREZ, F.; A. I. ESCRIBANO
1193.) *1989* L'espagne- pays d'immigration.
In: *Population* 44, 2: 257-290.

MUYEMBA, Jean-Jérome Chico-Kaleu
1194.) *1993* Deutschland vereint- Wie ist die Situation der Schwarzafrikaner im vereinten Deutschland?
In: *Beiträge aus dem FB 1 der Fachhochschule für Verwaltung und Rechtspflege*, Heft 29. Berlin.

MYERS, Norma
1195.) *1988* The Black Presence Through Criminal Records.
In: *Immigrants & Minorities* 7: 3.
1196.) *1996a* Reconstructing the Black Past: Blacks in Britain, ca. 1780-1830. London et al.
1197.) *1996b* Report of Comitee on Distressed Colonial and Indian Subjects. Minutes of Evidence and Appendices, Parliamentary Papers, 1910, Vol.XXII, In: dies., Reconstructing the Black Past: Blacks in Britain, ca. 1780-1830. London et al: 107.

NACHT, Marc
1198.) *1964* Les travailleurs noirs en France ou la misère organisée.
In: *Les Temps Modernes*, no.218, July 1964:152-162.

NACIRI, M.
1199.) *1988* Les ksouriens sur les routes. Emigration et mutation spatiale de l'habitat dans l'oasis de Tinjdad.
In: P. R. Baduel (éd.), Habitat-Etat-Société au Maghreb. Paris: 347-364.

NASSÉ, Simone et al.
1200.) *1986* L'émigration maghrébine de 1962 à 1985. Aix- en Provence.

National Dwelling and Household Survey
1201.) *1978* Ethnic Minorities in Manchester, compiled by the Manchester City Planning Department.

National Maritime Museum, Greenwich,London.
1202.) *o.J.* Dreadnought Seamen's Hospital register. DSH 16 and subsequent, 1862-92.

NAUMANN, Christine
1203.) *1998* African American Performers and Culture in Weimar Germany.
In: David Mcbride; Leroy Hopkins; Carol Aisha Blackshire- Belay (ed.), Crosscurrents: African Americans, Africa, and Germany in the Modern World. Columbia.

NDEM, Eyo Ita
1204.) *1953* Negro Immigrants in Manchester. London. (Unpublished MA thesis, University of London).

NDIAYE, M. K.
1205.) *1982* Mamdou au pays de ritals.
In: *Hommes et Migrations* 1026: 34-36.

NDIAYE, M. L.
1206.) *1992* La fonction des émigrés dans les stratégies de développements rural: voie pour le Sénégal? Exemple de la région de Tambacounda, Univ. Paris I, Paris, (Thèse Sc.Eco,S.h. Sc. Pol.)
1207.) *1994* L'émigration: une chance pour les pays de départ?
In : *Hommes et Terres du Nord* 4: 172-178

NDIONE, B.
1208.) *1992* Les étudiants sénégalais en France et le „brain drain". Univ.Poitiers. Poitiers.
(DEA „ Migrations, espaces, sociétes).

NEDERVEEN PIETERSE, Jan
1209.) *1995* White on Black. Images of Africa and Blacks in Western Popular Cultures. o.O.

NELSON, Keith L.
1210.) *1970* "The Black Horror on the Rhine": Race as a Factor in Post-War I Diplomacy.
In: *Journal of Modern History* 42: 606-27.

NELSON, Keith L.; Sally MARKS
1211.) *1983* Black Watch on the Rhine: A Study in Propaganda, Prejudice and Prurience.
In: *European Studies Review* 13: 297-334. London.

NERI, F.
1212.) *1988* Immigration and the Italian Labour Market: A Contradiction?
In: *Review of EconomicConditions in Italy* 2: 141-152.

NESPOULOUS-NEUVILLE, Josiane
1213.) *1988* Léopold S. Senghor: de la tradition à l'universalisme. Paris.

NEUDECK, Rupert
1214.) *1989* Flüchtlinge am Horn von Afrika (Somalia, Äthiopien, Eritrea, Sudan).
In: *Internationales Afrikaforum* 25, 3: 265-269.

NEUMANN, Otto
1215.) *1970* Mohren auf den Schlössern Breitenburg und Drage.
In: *Die Heimat. Monatsschrift des Vereins zur Pflege der Natur- und Landeskunde in Schleswig-Holstein und Hamburg* 77, 7: 285f.

NEUßNER, Olaf
1216.) *1987* Annerkennungspraxis bei eritreischen Asylsuchenden.
In: *Zeitschrift für Ausländerrecht und Ausländerpolitik*, No.4.

NEVEU, Catherine
1217.) *1989* Ethnic Minorities, Citizenship and Nationality. A Case Study for a Comparative Approach Between France and Britain. Warwick.
1218.) *1996* Is Black an Exportable Category to Mainland Europe? Race and Citizenship in a European Context.
In: Rex, J.; B. Drury (eds.), Ethnic Mobilisation in a Multi- Cultural Europe. Aldershot et al.

New German Critique
1219.) *1989* Special Issue on Minorities in German Culture.
In: *New German Critique* 46. Winter 1989.

NEWNHAM, Anne
1220.) *1986* Employment, Unemployment and Black People. London.

NGORWANUBUSA, Juvénal
1221.) *1993* Boubou Hama et Amadou Hampaté Bâ: la négritude des sources. Paris.

NICOLLET, Albert
1222.) *1992* Femmes d'Afrique noire en France. (La vie partagée). CIEMI, Paris.

NIEDERLE, Helmuth A. (Hg.)
1223.) *2001* Früchte der Zeit. Afrika, Diaspora, Literatur und Migration. (Wiener Beiträge zur Ethnologie und Anthropologie, Bd.10).Wien.

NIELSEN, J.
1224.) *1992* Muslims in Western Europe. Edinburgh.

NII ADDY, David
1225.) *1996* Ghanaer in Deutschland. Handbuch Ethnische Minderheiten in Deutschland. Berlin.

NIZZA DA SILVA, Maria Beatriz et al. (ed.)
1226.) *1993* Emigração/ Imigração em Portugal. Actas do « Colóquio Internacional sobre Emigração e Imigração em Portugal » . Lissabon.

N'KANGOU MIKANGOU, Franklin
1227.) *1998* Ein Afrikaner in Deutschland- Im Dialog zwischen Afrika und Deutschland. Düsseldorf.

NKRUMAH, Kwame
1228.) *1957* Ghana. The Autobiography of Kwame Nkrumah. London.

NOHLEN, Dieter (Hg.)
1229.) *1993* Länderanalysen östliches Afrika.
In: Handbuch der Dritten Welt. Ostafrika und Südafrika. (3., neu bearb. Aufl.). Bonn.

NOMBUSO, Sithebe
1230.) *1993* Ost- oder Westdeutschland, für mich ist das kein großer Unterschied.
In: Ika Hügel (Hg.), Rassismus, Antisemitismus, Klassenunterdrückung. Berlin: 224-32.

NUSCHELER, Franz
1231.) *1992* Arbeitsemigration und Flüchtlinge: „Neue Heloten" und „Treibgut der Weltpolitik".
In: *Gewerkschaftliche Monatshefte* 43, 2: 81-90.

NUSS, Marianne; Volker WELTER
1232.) *1986* Deutschland im Urteil afrikanischer Lehrer: Eine Befragung in Lesotho zu Ausbildungs-und Rückkehrproblemen von Stipendiaten, die in der Bundesrepublik zum 'Technischen Lehrer' ausgebildet wurden. Saarbrücken; Fort Lauderdale.

NWALA, T. Uzodinma
1233.) *1978* Anthony William Amo of Ghana on The Mind-Body Problem.
In: *Présence Africaine* 108: 158-165.

OCDE
1234.) *1993* Migrations internationales: le tournant. Paris.

OECD-DC, Paris (éd.)
1235.) *1975* Migrations et transferts de technologie- Etude de cas: Algérie, Maroc, Tunisie, et France. Paris.
1236.) *1992* Trends in International Migration. Continuous Reporting System on Migration (SOPEMI). Paris.

OEPEN, M.
1237.) *1982* Interkulturelle Kommunikation. Ihre Bedeutung für die Segregation und Integration von Immigranten.
In: Migration. Texte über die Ursachen und Folgen.

OETTERMANN, Stephan
1238.) *1992* Fremde, Der. Die. Das. „Völkerschauen" und ihre Vorläufer.
In: Kosok, Lisa; Mathilde Jamin (Hg.): Öffentliche Lustbarkeiten im Ruhrgebiet der Jahrhundertwende. Essen: 80-105.

Office des Tunisiens à l'Etranger
1239.) *1997* Guide des travailleurs tunisisiens à l'étranger. Tunis.

OGDEN, Philip E.
1240.) *1991* Immigration to France since 1945: Myth and Reality.
In: *Ethnic and Racial Studies* 14, 3: 294-318.

OGOT, B.A. (ed.)
1241.) *1999* The African Diaspora in the Old and New Worlds.
In: ders., General History of Africa V, Africa from the Sixteenth to Eighteenth Century. London: 56-70.

OGUNTOYE, Katharina
1242.) *1994* Die Afro-deutsche Bewegung. Aufbruch in eine selbstbestimmte Zukunft.
In: Anna-Maria Brandstetter et al.(Hg.), Afrika hilft sich selbst. Prozesse und Institutionen der Selbstorganisation. Münster: 68-71.
1243.) *1998* Eine afro- deutsche Geschichte: Zur Lebenssituation von Afrikanern und Afro-Deutschen in Deutschland von 1884-1950. o.O.: Hoho Verlag Christine Hofmann.

OGUNTOYE, Katharina; May OPITZ; Dagmar SCHULTZ (Hg.)
1244.) *1992a* Farbe bekennnen. Afro-deutsche Frauen auf den Spuren ihrer Geschichte. Berlin.
1245.) *1992b* Showing Our Colors. Afro-German Women Speak Out. Massachusetts.

OJI, Chima
1246.) *1992* Unter die Deutschen gefallen. Erfahrungen eines Afrikaners. Wuppertal.

OKE, Olusola
1247.) *1977* Ferdinand Oyono and the Quest for Europe.
In: *Présence Africaine* 104: 127-137.

OKOTH-OGENDO, H. W. O.
1248.) *1989* The Effect of Migration on Family Structures in Sub-Saharan Africa.
In: *International Migration/Migration Internationales/Migraciones Internacionales* 27, 2: 309-317.

OKPEWHO, Isidore
1249.) *1988* African Poetry: the Modern Writer and the Oral Tradition.
In: *African Literature Today* 16: 3-25.

OLANYAN, R.
1250.) *1982* Africa and External Contacts.
In: R. Olanyan (ed.), African History and Culture. Lagos.

OLDOCH, Dirk
1251.) *1990* Menschen aus Mosambik und Vietnam in der DDR. Gäste, Arbeiter oder Hilfskräfte?
In: *Blickpunkt* 39, 394/ 395: 43-44.

OLIVEIRA, E. de
1252.) *1992* Femme immigrée, vie associative et dévelopement local. CLAP. Paris.

OLIVER, P. (ed.)
1253.) *1990* Black Music in Britain. Milton Keynes.

OLPHIN, Maureen
1254.) *1976* The Role of "Black Churches" in Relation to Mental Health of Immigrants.

OLUSANYA, G.
1255.) *1982* The West African Students Union and the Politics of Decolonisation 1925-58. Ibadan.

OMI
1256.) *1991* Statistiques relatives aux flux migratoires, du Senegal vers la France (source omistats 1991).

OMISTATS
1257.) *1993* Les flux d'entrée et de retour des Sénégalais en France.

OMYOJOWO, J. A.
1258.) *1982* Cherubim and Seraphim: The History of an African Independent Church. New York; Lagos.

ONDU, Paulo
1259.) *2000* Meine Tochter geht mit einem Neger. Dresden.

OPITZ, May; Katharina OGUNTOYE; Dagmar SCHULTZ (Hg.)
1260.) *1992* Farbe bekennen: Afro-deutsche Frauen auf den Spuren ihrer Geschichte. Frankfurt/ Main.

ORIGO, Iris
1261.) *1955* The Domestic Enemy: The Eastern Slaves in Tuscany in the Fourteenth and Fifteenth Centuries. Speculum.
In: *A Journal of Mediaeval Studies* 30, 3: 321-366.

OSHUN, C.O.
1262.) *1990* Aladura Romance in Britain. (Selly Oak Colleges, Birmingham). Birmingham.

OSITELU, Rufus
1263.) *1996* The Church of the Lord (ALADURA), Frankfurt.
In: Orientierungen und Berichte Nr. 23, XI/1996: R. Hemperlmann (Hg.), Neue Gemeinden in Deutschland, EZW. Stuttgart: 21-23.

OSTERHAMMEL, Jürgen
1264.) *2000* Sklaverei und die Zivilisation des Westens. München.

O. T. E. Commissariat régional de Médenine –Gabès
1265.) *1997* Statistiques de l'émigration . Médenine.

OUALALOU, F.
1266.) *1992* Les aides publiques internationales face aux perspectives de l'arrêt de l'émigration vers l'Europe: le cas marocain. Geneva.

OUCHO, J. O.
1267.) *1990* Migrant Linkages in Africa: Retrospect and Prospect.
In: UEPA, Conference on the Role of Migration in Africa Development. Dakar.

O.V.
1268.) *1934* The Truth about Aggrey House: An Exposure of the Government Plan for the Control of African Students. London.
1269.) *1975* Contribution des travailleurs tunisiens émigrés au développement économique
du pays Maghreb-Machrek, No.70. Paris.
1270.) *1980* Problemi attuali dell'emigrazione e degli stranieri.
In: *Affari Sociali Internazionali* 8, 2: 135-177.
1271.) *1983* Bilan de la lutte contre les trafics de la main d'œuvre. Rapport au ministre des affaires sociales et de la solidarité nationale. Paris.
1272.) *1984* L'immigration maghrébine en France. Les faits et les mythes.

In: *Les Temps Modernes*, März-Mai 1984: 452-454.
1273.) *1985* L'Italie, pays d'immigration.
In: *Hommes et Migrations* 1083: 15-21.
1274.) *1988* L'immigration en Grande- Bretagne vers une législation plus restrictive.
In: *Hommes et Migrations* 1110: 23-31.
1275.) *1989* Special Issue on Minorities in German Culture.
In: *New German Critique* 46.
1276.) *1990a* Beiträge zu Rassismus in der DDR/BRD.
In: *afro look-Eine Zeitschrift von Schwarzen Deutschen* 5, No.1.
1277.) *1990b* Dossier: Immigration.
In: *The Courier* 129: 40-77.
1278.) *1990c* Die Einwanderung aus Drittstaaten in die südlichen Mitgliedsländer der Europäischen Gemeinschaften.
In: *Soziales Europa* Beiheft 1/1991.
1279.) *1991a* Immigration: The Other Fortress Europe.
In: *The Economist* 319, 7709: 45-46.
1280.) *1991b* Italia, Europa e nuove immigrazioni. Turin.
1281.) *1992* Dossier: Intégration de maliens- Entre Bamako et Paris, une population déracinée.
In: *Espace Social Européen* 179: 23-28.

OWEN, David
1282.) *1992* Ethnic Minorities in Britain: Settlement Patterns. National Ethnic Minority Data Archive 1991 Census Statistical Paper 1, Centre for Research in Ethnic Relations, Univ. of Warwick.
1283.) *1995* Size, Structure and Growth of the Ethnic Minority Populations.
In: Coleman, D.; J. Salt, Ethnicity in the 1991 Census: Vol. 1: Demographic Characteristics of the Ethnic Minority Population. London.

OWUSU, K.
1284.) *1986* The Struggle for Black Arts in Britain. London.
1285.) *2000* Black British Culture and Society. A Text Reader. London; New York. (Reihe Comedia).

PACINI, Andrea
1286.) *1989* Muslim Migration in Europe: Some Notes on the Subject.
In: *Studi di Sociologia* 27, 3: 385-395.

PADMORE, George
1287.) *1956* Pan-Africanism or Communism? London.

PADMORE, George (ed.)
1288.) *1945a* Colonial and Coloured Unity, a Programme of Action. Manchester.
(reprinted 1963 as) History of the Pan-African Congress. Hammersmith, London.
1289.) *1945b* The Voice of Coloured Labour. Manchester.

PALIDDA, Salvatore
1290.) *1992* Le développement des activités indépendantes des immigrés en Europe et en France.
In: *REMI* 8, 1: 83-96.

PANAF GREAT LIVES (series)
1291.) *1974* Kwame Nkrumah. London.

Pan- Afrikanisches Forum Bremen (Hg.)
1292.) *1997* Afrika in Bremen. Bremen.

PANAREO, M. R.
1293.) *1990* „Donne immigrate tra tradizione e mutamento. Il caso senegalese", Communication au colloque 'Incontro tra cultura', Lecce, 20-21 novembre.

PANKHURST, Richard
1294.) *1961* Ibrahim Hannibal, Ancestor of Alexander Pushkin.
Appendix F of: An Introduction to the Economic History of Ethiopia from Early Times to 1800. Lalibela House: 423-427.

1295.) *1977* An Early Somali Autobiography.
In: *Africa* (Rome) XXXII: 373-4.

PANOS
1296.) *1993* Quand les immigrés du Sahel construisent leur pays. Paris.

PARROT, L.
1297.) *1993* Le rôle des transferts migratoires dans l'économie des ménages de la vallée du fleuve Sénégal. Dakar. (Rapport de stage).

PARRY, Albert
1298.) *1923* Abram Hannibal. The Favorite of Peter the Great.
In: *Journal of Negro History* 8, 4: 359-366.

PARSONS, Neil
1299.) *1994* The Impact of Seretse Khama on British Public Opinion, 1948-56 and 1978.
In: David Killingray, Africans in Britain. Illford, Essex.

PATTERSON, Sheila
1300.) *1963* Dark Strangers. London.
1301.) *1969* Immigration and Race Relations in Britain 1960-1967. London.

PEACH, Ceri
1302.) *1990* The Muslim Population of Great Britian.
In: *Ethnic and Racial Studies* 13, 3: 413-419.

PEACH, Ceri et al. (eds.)
1303.) *1981* Ethnic Segregation in Cities. London.

PEIL, Margaret
1304.) *1995* Ghanaians Abroad.
In: *African Affairs* 94, 376: 345-367.

PENNINX, Rinus
1305.) *1984* Research and Policy with Regard to Ethnic Minorities in the Netherlands: an Historical Outline and the State of Affairs.
In: *International Migration* XXII, 4: 345-366.

PÉREZ, D.
1306.) *1993* Los pioneros de la inmigracion en Espana: guineanos en la CAM.
In: C. Gimenètz, (coord.), La inmigración del tercer mundo y Portugal en la CAM. Madrid.

PERISTA, Heloísa; Manuel PIMENTA
1307.) *1993* Trajectórias profissionais e inserção laboral dos imigrantes residentes em bairros degradados de Lisboa.
In : Maria Beatriz Nizza da Silva et al. (eds.), Emigração/ Imigrção em Portugal. Actas do « Colóquio Internacional sobre Emigração e Imigração em Portugal (séc. XIX-XX)". Lissabon: 434-445.

PEROTTI, Antonio; France THÈPAUT
1308.) *1989* L'Italie: émigrés et immigrés.
In: *Migrations Société* 2: 41-53.

PERRIG, Alexander
1309.) *1987* Erdrandsiedler oder die schrecklichen Nachkommen Chams. Aspekte der mittelalterlichen Völkerkunde.
In: Koebner, Thomas; Gerhart Pickerodt (Hg.): Die andere Welt. Studien zum Exotismus. Frankfurt/M.

PERRONE, L.
1310.) *1990* „Insedimenti terzomondiali e mercato del lavoro in un'area periferica di Mezzogiorno: il caso Salento (primi dati).
In: *Inchiesta* oct.-décembre, 44: 58.

1311.) *1991* „Cultura e tradizioni nell'esperanza migratoria della comunita senegalese in Italia:"
(Communication au colloque: 'Immigrazione extra-CEE in Europa: gruppi e nici tra solidarieta e conflitto', 5.-7.Juni, Rom.
1312.) *1992* „I Senegalesi".
In: G. Mottura, (ed.), L'archipelago migratorio: caratteristiche e modelli migratori dei lavoratori stranieri in Italia".
In: ders. (ed.), L'archipelago migratorio : caratteristiche e modelli migratori die lavorator stranieri in Italia. Rom.

PETRIC, Ernest
1313.) *1986* The Refugee Problem in the Horn of Africa.
In: *AWR Bulletin* 241: 63-67.

PFLEIDERER-BECKER, Beatrix
1314.) *1978* Tunesische Arbeitnehmer in Deutschland. Saarbrücken.

PHILIPS, William D., Jr.
1315.) *1985* Slavery from Roman Times to the Early Transatlantic Trade. Minneapolis.

PHILLIPS, Caryl
1316.) *1987* The European Tribe. London.

PHIZACKLEA, Annie
1317.) *1984* The Employment of Migrant/ Immigrant Labour in Britain. Warwick.
1318.) *1988* Entrepreneurship, Ethnicity and Gender.
In: Westwood, Sally; Parminder Bhachu (eds.), Enterprising Women. Ethnicity, Economy and Gender. London.

PICHLER, Karoline
1319.) *1807* Angelo Soliman.
In: Wilhelm A.Bauer, Angelo Soliman, der hochfürstliche Mohr. Ein exotisches Kapitel Alt-Wien. Hg. u. eingel. v. Monika Firla-Forkl. Berlin. 1993.

PIETSCHMANN, Horst
1320.) *1987* Der atlantische Sklavenhandel bis zum Ausgang des 18. Jahrhunderts. Eine Problemskizze.
In: *Historisches Jahrbuch* 1, 107: 122-133.
1321.) *2001a* Afrikanische Sklaven und Freigelassene in Portugal und Andalusien im 15. und beginnenden 16. Jahrhundert. Hamburg. (i.Vorbereitung).
1322.) *2001b* Sklaverei auf der Iberischen Halbinsel am Beginn des Expansionszeitalters.
In: Marfaing, Laurence; Brigitte Reinwald (Hg.), Afrikanische Beziehungen, Netzwerke und Räume. Hamburg; Münster. (i.Vorbereitung).

PIMIENTA- BEY, José V.
1323.) *1992* Moorish- Spain- Academic Source and Foundation for the Rise of and Success of Western European Universities in the Middle- Ages.
In: Ivan Van Sertima (ed.), Golden Age of the Moor. New Brunswick, London.

PINA, Ruy de
1324.) *1692* Chronica d'el-rey D. João II.
In: Colleção de livros ineditos de Historia Portugueza, Vol. II. Lisboa.

PINTO-DOBERNING, Inge R.
1325.) *1991* South-North Migration: The Challenge of the 1990s. Geneva.

PIRES, Jose
1326.) *1988* Les cadres expatries. Le non-retour de ressortissants africains qualifiés: causes et remèdes.
In: *Marches Tropicaux et Mediterranées* 44, 2252: 3801-3805.

PIRES, Rui Pena
1327.) *1993* Immigration in Portugal. A Typology Essay.
In: Maria Beatriz Rocha-Trindade (ed.), Recent Migration Trends in Europe. Europe's New Architecture. Lissabon: 179-194.

PIRES, Rui Pena; Ana de SANT-MAURICE
1328.) *1989* Descolonização e Migrações : os imigrantes dos PALPOP em Portugal.
In: *Revista Internacional de Estudos Africanos* 10-11: 203-226.

PLÜCKEN-OPOLKA, Renate
1329.) *1985* Zur sozialen Lage marokkanischer Familien in der Bundesrepublik Deutschland. Berlin.

POIRET, Christian
1330.) *1996* Familles africaines en France. Paris.

POLLERN, Hans-Ingo v.
1331.) *1991* Die Entwicklung der Asylbewerberzahlen im Jahr 1991.
In: *Zeitschrift für Ausländerrecht und Ausländerpolitik* 1: 24-32.

POLLINI, G.
1332.) *1993* „Immigrati ectra-Cee a Rimini : comportamenti, attegiamenti e orientamenti.
In: Scida, G.; G. Pollini, Stranieri in città. Politiche sociali e modelli d'integrazione. Milan.

POMMERIN, Reiner
1333.) *1979* „Sterilisierung der Rheinlandbastarde." Das Schicksal einer farbigen deutschen Minderheit, 1918-1937. Düssseldorf.

POPP, H. (Hg.)
1334.) *1994* Die Sicht des Anderen – Das Marokkobild der Deutschen, das Deutschlandbild der Marokkaner.
In: *Maghreb Studien* 4: 239-250. Passau.
1335.) *1996* Zur Stellung der Provinz Nador im gesamtmarokkanischen Kontext. Kulturelle, historische territoriale, regionalpolitische und geopolitische Aspekte.
In: M.Berriane. et al., Remigration Nador I: Regioanlanalsyse der Provinz Nador (Marokko).
In: *Maghreb Studien* 5: 21-54. Passau.

POQUIN, Jean-Jacques
1336.) *1957* Les relations économiques extérieures des pays d'Afrique noire, 1925-1955. Paris.

PORTE, D.H.
1337.) *1970* The Abolition of the Slave Trade in England 1784-1807. New York.

PORTER, Dorothy B.
1338.) *1971* Early Negro Writings, 1760-1837. Boston.

POSTEL-VINAY, André
1339.) *1984* La lutte contre l'immigration clandestine.
In: *Hommes et Migrations* 1076: 51-57.

POTT, Gudrun Patricia
1340.) *2000* Angst vorm schwarzen Mann-Deutschlands Unis sind nicht konkurrenzfähig. Sie ziehen zu wenige ausländische Studenten an-und denen wird das Leben oft schwer gemacht.
In: *Uni Spiegel* 2: 6-10.

PRAESENT, Wilhelm (Hg.)
1341.) *1954* Eine Negertaufe in Steinau 1770.
In: Bergwinkel-Geschichten. 1. Teil des Bergwinkel-Heimatbuches: Sagen, Volksglaube, Legenden, Märchen, Schwänke und Anekdoten aus der Schlüchterner Gegend. Schlüchtern.

PRESTON, Rosemary
1342.) *1994* Returning Exiles in Namibia since Independence.
In: Allen, Tim; Hubert Morsink (eds.), When Refugees go Home. African Experiences. Trenton, New Jersey: 260-267.

PRIEMER, Christel
1343.) *1992* „Deutsche sind weiss-Neger können keine Deutschen sein." Begleittext zur Sendung Sonntags-Studio des SFB im Rahmen des Schulfernsehens (Sendetermin: 1.3. 1992). Potsdam.

PRINCE, Mary
1344.) *1831* The History of Mary Prince. London. (Reprint London 1987, hrsg. von Moira Ferguson).

PROVANSAL, D.
1345.) *1989* Africanos en Cataluna.
In: M.A. Roque (ed.), Movimientos humanos en el mediterràneo occidental: simposium internacional. Barcelona.

PRUTKY'S TRAVELS in Ethiopia and other Countries
1346.) *1991* Works Issued by the Hakluyt Society. London.

PÚBLICO
1347.) *1995* Terrorismo « skin » no bairro alto. 12.6.

PÜCKLER-MUSKAU, Herrmann v.
1348.) *1844* Aus Mehemed Ali's Reich. Stuttgart.
1349.) *1846-48* Die Rückkehr. 3 Bände. Berlin.

PUIG DE LA BELLACASA, F.
1350.) *1992* Situación actual de la inmigración en España y politicas de actuación.
In: C. Moro, Problemas culturales de la integración social de los inmigrantes: la nueva España y la cuenca sur del Mediterraneo. Madrid: Fundación Humansimo y Democracia: 35-49.

PULS, Dirk
1351.) *1979* Schwarzer Trompeter freite Bürgermeistertocher.
In: *Jahrbuch für Heimatkunde im Kreis Plön-Holstein* 9: 93-96.

PUMARES, P.
1352.) *1996* La integración de los inmigrantes marroquíes: familias marroquíes en la comunidad de Madrid. Barcelona.

QUADÉ, Pedro Fernandes
1353.) *1987* Factores de identidade num grupo de imigrantes guinéenses. (unveröffentl. Manuskript).

QUIMINAL, Catherine
1354.) *1990* Du foyer au village: l'initiative retrouvée.
In: *Hommes et Migrations* 1131: 19-24.
1355.) *1991* Gens d'ici, gens d'ailleurs. Migrations soninké et transformations villageoises. Paris.
1356.) *1993* Transformations villageoises et regroupement familial.
In: *Hommes et Migrations* 1165, mai: 18-22
1357.) *1994a* Le rôle des immigrés dans les projets de développements et les formes de coopération possibles dans la vallée du fleuve Sénégal.
In: OECD, Migration et Développement : Un nouveau partenariat pour la coopération. Paris.
1358.) *1994b* Migration et coopération internationale: Le rôle des immigrés dans les projets de développement et les formes de coopération dans la région du fleuve Sénégal. Paris.
1359.) *1995* Travailleurs maliens en France et processus démocratique au Mali.
In: *Journal des Anthropologues* 46. Montrouge.
1360.) *1996* L'autre immigration: initiatives associatives des femmes africaines.
In: *Migrants-Formation*. Paris.

QUIQUEREZ-FINKEL, I.
1361.) *1992* Représentations et stratégies juridiques des migrants d'Afrique noire en région parisienne et à Montréal. Univ.Paris I. Paris. (Doctorat de Droit).

RACINE, Daniel L.
1362.) *1982* Concepts of Diaspora and Alienation as Privileged Themes in Négritude Literature.
In: J. E. Harris (ed.), Global Dimensions of the African Diaspora. Washington D.C.

RADEMACHER, Anne (Hg.)
1363.) *1993* „Ich bete jeden Tag, bitte laß uns bleiben." 14 Porträts asylsuchender Frauen aus aller Welt. München.

RAFFAELE, Giovanni
1364.) *1992* Le immigrate extracomunitarie in Italia.
In: *Studi Emigrazione* 29, 106:194-226.

RAMDIN, Ron
1365.) *1987* The Making of the Black Working Class in Britain. Aldershot.

RAMIREZ, A.
1366.) *1990* Los trabajadores extranjeros en la comarca de Matar, Informe de trabajo de campo, (sin publicar)

RANGER, Terence
1367.) *1994* Studying Repatriation as Part of African Social History.
In: Allen, Tim; Hubert Morsink (eds.), When Refugees go Home. African Experiences. Trenton, New Jersey: 279-294.

RANGER, Terence; SAMAD, Yunas; STUART, Ossie
1368.) 1996 Culture, Identity and Politics. Ethnic Minorities in Britain. Hampshire.

RANUZZI, Giovanni B.
1369.) *1986* Alcune caratteristiche dell'immigrazione straniera a Roma: confronto tra l'indagine ECAP-CGIL/ ENIM ed i primi risultati dell'indagine CISP.
In: *Studi Emigrazione* 29, 106: 194-226.

RATHELF, Ernst Lorenz Michael
1370.) *1775* Die Mohrin zu Hamburg. Hamburg.

RAYMOND, L. Hall (ed.)
1371.) *1977* Black Separatism and Social Reality. Rhetoric and Reasons. New York.

REDAEZGI, Astier; Irmtraud WEISSINGER
1372.) *1987* Frauen in Eritrea.
In: *Informationsdienst zur Ausländerarbeit* 3/ 4: 92-97.

REED-ANDERSON, Paulette
1373.) *1995* Eine Geschichte von mehr als 100 Jahren - Die Anfänge der afrikanischen Diaspora in Berlin. Berlin.
1374.) *1997* Metropole, Menschen, Nahaufnahme. Afrikaner in Berlin. Berlin.

REINDERS, Robert
1375.) *1968* Racialism on the Left: E.D. Morel and the 'Black Horror on the Rhine'.
In: *International Review of Social History* 12:1-28.

1376.) *1966* **Research and Racial Relations. Articles Reprinted from the International Science Journal. Paris 1966.**

RESENDE, Garcia de
1377.) *1622* Chronica dos valerosas e insignes feitos del Rey Don Joào II. de gloriosa memoria. Lisboa.

REX, John
1378.) *1966* Ethnic Minorities in the Modern Nation State. Macmillan. London. Basingstoke.
1379.) *1973* Race, Colonialism and the City. London.
1380.) *1980* The Theory of Race Relations. A Weberian Approach.
In: Sociological Theories. Race and Colonialism. Unesco. Paris: 117-142.
1381.) *1991* Ethnic Identity and Ethnic Mobilisation in Britain. Warwick.

REX, John; B. DRURY
1382.) *1994* Ethnic Mobilisation in a Multi-Cultural Britain. Avebury.

REX, John; Robert MOORE
1383.) *1967* Race, Community and Conflict. A Study of Sparkbrook. Oxford.

REX, John; TOMLINSON
1384.) *1979* Colonial Immigrants in a British City. A Class Analysis. London; Boston.

REX, John; Clara WILPERT
1385.) *1987* Immigrant Associations in Europe. Aldershot; Brookfield et al.

REYNERI, E.; D. TRAVAGLINI
1386.) *1991* Culture e progretti migratori dei lavoratori africani a Milano. Mailand.

RICCA, Sergio
1387.) *1984* L'administration du travail de l'immigré en situation irrégulière en Espagne, en Grèce et en Italie. Geneva.

RICH, Paul B.
1388.) *1984* Philanthropic Racism in Britain. The Liverpool University Settlement, the Anti-Slavery Society for the Issue of 'Half-Caste' Children, 1919-1951.
In: *Immigrants and Minorities* 3,1: 70.
1389.) *1990* Race and Empire in British Politics. Cambridge.

RICHTER, Roland
1390.) *1992* Flüchtlingsfragen in Afrika. Zwangsmigrationen im Rahmen größerer Entwicklungsprozesse. Otto Benecke Stiftung e.V. (Hg.). Baden Baden.

RIEDEL, Almut
1391.) *1994* Erfahrungen algerischer Arbeitsmigranten in der DDR-„...hatten och Chancen, ehrlich!". Opladen.

RIEPE, Regina; Gerd RIEPE
1392.) *1992* Du schwarz- ich weiß. Bilder und Texte gegen den alltäglichen Rassismus. Wuppertal.

RIESZS, János
1393.) *1996* The Tirailleur Senegalais Who Did Not Want to be a „Grand Enfant": Bakary Diallo's Force Bonte (1926) Reconsidered.
In: *Research in African Literatures* 27, 4: 157.

RIESZS, János; Joachim SCHULTZ (Hg.)
1394.) *1989* Tirailleurs sénégalais. Frankfurt/ M.

RIMANI, Salah
1395.) *1988* Les tunisiens en France. Une forte concentration parisienne. Paris.

RISCHMANN, M.
1396.) *1936* Mohren als Spielleute und Musiker in der preußischen Armee.
In: *Zeitschrift für Heeres- und Uniformkunde* 91/93: 82-84.

ROBERT, Mme. Tony
1397.) *1986* Les maghrebins en France.
In: *AWR Bulletin* 24, 1: 6-8.

ROBIN, N.
1398.) *1994* Les migrations internationales ouest-africaines, l'analyse critique des sources statistiques: un exercice périlleux. (Communication au Colloque NIDI- EUROSTAT). Luxembourg.
1399.) *1995a* La migration sénégalaise.
1400.) *1995b* Nouvelles stratégies d'investissement et redéploiement spatial des émigrés dans quatre pays d'origine: Maroc, Tunisie, Turquie, Sénégal. Paris.

ROBINSON, Vaughan
1401.) *1990* Roots to Mobility: the Social Mobility of Britain's Black Population, 1971-1987.
In: *Ethnic and Racial Studies* 13, 2: 274-86.

ROCKSLOH-PAPENDIECK, Barbara
1402.) *1990* Ghanaer in Berlin. Untersuchung zur Ausbildungs-, Arbeits- und Lebenssituation von Ghanaern sowie zu ihren Zukunftsplänen. Berlin.

RODNEY, Walter
1403.) *1975* Africa in Europe and the Americas.
In: Richard Gray (ed.), The Cambridge History of Africa. Cambridge et al.

ROGERS, Rosemarie
1404.) *1985* Guests Come to Stay. The Effects of European Labor Migration on Sending and Receiving Countries. Boulder, Colorado; London.

ROGGE, John R.
1405.) *1994* Repatriation of Refugees. A not so simple "Optimum" Solution.
In: Allen, Tim; Hubert Morsink (eds.): When Refugees go Home. African Experiences. Trenton, New Jersey: 14-49.

ROHDIE, Samuel
1406.) *1965* The Gold Coast Aborigines Abroad.
In: *Journal of African History* 6, 3: 389-411.

ROJO TORRECILLA, Eduardo
1407.) *1992* La immigración en Espana. Su problemática juridica.
In: *Revista de Fomento Social* XLVII, 187: 297-315.

ROQUE, M. A. (ed.)
1408.) *1989* Movimientos humanos en el Mediterràneo occidental: simposium internacional. Barcelona.

ROSANDER, E. E.
1409.) *1991* Women in a Borderland. Managing Ethnic Identity Where Morocco Meets Spain. Stockholm.

ROSANVALLON, A.
1410.) *1974* Les aspects économiques de l'émigration algérienne. Université des Sciences Sociales de Grenoble. Grenoble.

RÖSCHENTAHLER, Ute
1411.) *1991* Mohren: Kannibalen und Heilige. Unser Bild vom Afrikaner im Wandel der Zeit.
In: Marie Lorbeer, Beate Wild (Hg.), Menschenfresser, Negerküsse. Das Bild vom Fremden im deutschen Alltag. Berlin: 58-65.

ROSE, E.
1412.) *1969* Colour and Citizenship. Cambridge.

ROSE, E. et al.
1413.) *1969* Colour and Citizenship: A Report on British Race Relations. Institute of Race Relations. London.

ROSIER, J.-P.; J. LERICHE
1414.) *1961* Africains noirs présents au travail en France.
In: *Cahiers Nord-Africains* 86: 8-30.

ROSS, A. M.
1415.) *1969* Migrants in Europe: Problems of Acceptance and Adjustment. Minneapolis.

ROTHFELS, Nigel T.
1416.) *1998* Bring 'em Back Alive: Carl Hagenbeck and Exotic Animal and Peoples Trades in Germany 1848-1914. Ann Arbor, MI: UMI (Univ. Microfilms Intern.)

ROTHFUSS, Uli
1417.)   *2000*   Daud- Ein „schwäbischer Neger" im Schwarzwald. Tübingen.

ROTTER, Gernot
1418.)   *1967*   Die Stellung des Negers in der islamisch-arabischen Gesellschaft bis zum XVI. Jahrhundert. Bonn.

ROUX, Arsène
1419.)   *1952*   Les aventures extraordinaires de Side Hmädu-Musa, Patron du Tazerwalt.
In: *Hésperis* 39: 75-96.

ROYOUX, Dominique
1420.)   *1982*   La réinsertion des travailleurs dans les entreprises de l'est algerien.
In: *Hommes et Migrations* 1057 :21-30.

ROYSTER, Jacqueline Jones (ed.)
1421.)   *1997*   Southern Horrors and Other Writings: the Anti- Lynching Campaign of Ida B. Well, 1892-1900. Boston.

1422.)   **Rückkehrerrundbrief Nr. 17, Mai: Interkulturelle Erfahrungen. 1985.**

RÜGER, Adolf
1423.)   *1975*   Imperialismus, Sozialreformismus und antikoloniale demokratische Alternative. Zielvorstellungen von Afrikanern in Deutschland im Jahre 1919.
In: *Zeitschrift für Geschichtswissenschaft* 23 (Ostberlin): 1293-1308.

RUEPPRECHT, Hans Ulrich von
1424.)   *1974*   Der Mohr als Wappenfigur.
In: ders. (Hg.), 12. Internationaler Kongreß für genealogische und heraldische Wissenschaften, Band H. Stuttgart: 51-63.

RUETHE, Emily (geb. Prinzessin Salme von Oman und Sansibar)
1425.)   *1989*   Leben im Sultanspalast. Frankfurt. (Orig. 1886)

RUF, Anja
1426.)   *1990*   Am untersten Ende steht die schwarze Frau. Interview mit Lydi Doo-Bunya.
In: *Links* 23, 1: 27 ff.

RUITER, J. J. de
1427.)   *1989*   Young Moroccans in the Netherlands. An Integral Approach to Their Language Situation and Acquisition of Dutch. Utrecht.

RUIZ SÁNCHEZ, P.
1428.)   *1995*   Inmigración y mercado laboral en la horticultura forzada almeriense: una aproximación. Demófilo.
In: *Revista de Cultura Tradicional de Andalucía* 15: 135-156.
1429.)   *1997*   Desarrollo agrario e inmigración en el campo de Dalías (Almería).
In: Instituto Universitario Ortega y Gasset (ed.), Congreso sobre la inmigración en Espana. Madrid.

RUNNYMEDE TRUST
1430.)   *1974*   The Coloured Population of Great Britain. London.

RUNNYMEDE TRUST and RADICAL STATISTICS RACE GROUP
1431.)   *1980*   Britain's Black Population. London.

RYE, Howard
1432.)   *1986*   The Southern Syncopated Orchestra.
In: Lotz, Rainer; Ian Pegg, Under the Imperial Carpet. Essays in Black History 1780-1950. Crawley.

RYTLEWSKI, Ralf; Manfred OPP de HIPT
1433.)   *1988*   Schwarzafrikanner/innen in deutscher Sicht. Berlin

RYTLEWSKI, Ralf et al.
1434.) *1985* Schwarzafrikaner/innen in deutscher Sicht. Spezialisierungsseminar Politik und Sprache. Berlin.

SACCOMANO, Eugène
1435.) *1968* Bandits à Marseille. Paris.

SACHS, Ignacy
1436.) *1969* L'image du noir dans l'art européen.
In: *Annales. Economies, Sociétés, Civilisations* 24, 3: 883-893.

SACHßE, Rudolf
1437.) *1910* Aquasi Boachi, Prinz von Aschantiland. Eine Lebensbeschreibung des „Schwarzen Prinzen."
In: *Mitteilungen des Freibergers Altertumsvereins* (1910) 46: 22.

SADJI, Uta
1438.) *1980* „Unverbesserlich ausschweifende" oder „brauchbare Subjekte"? Mohren als „befreite" Sklaven im Deutschland des 18. Jahrhunderts.
In: *Komparatistische Hefte* 1/2: 42-52.
1439.) *1987* Höhere Töchter in der Kaiserstadt Berlin. Gespräche mit Maria Diop.
In: *Etudes Germano-Africaines* 5: 145-52.

SAFAR, Hayssam
1440.) *1987* Travailleurs et cerveaux arabes immigrés en Europe. Symposium international. Paris.

SAFRAN, William
1441.) *1986* Islamization in Western Europe: Political Consequences and Historical Parallels.
In: *The Annals of the American Academy of Political and Social Sciences* 485: 98-112.

SAINT-CHERON, François de
1442.) *1988* Léopold S. Senghor, un poète. (Itineraires et contacts de cultures, 9). Paris.

SAINT-MAURICE, Ana de
1443.) *1993* Caboverdianos residentes em Portugal- imagens a preto e branco.
In : Maria Beatriz Nizza da Silva et al. (ed.), Emigração/ imigrção em Portugal. Actas do « Colóquio Internacional sobre Emigração e Imigrção em Portugal (séc. XIX-XX)". Lissabon.

SALEM, Gérard
1444.) *1981* De la brousse sénégalaise au Boul'Mich: le système commercial mouride en France.
In: *Cahiers d'Etudes Africaines* 21, 83-84, 267-288.

SALIH, Tayyib
1445.) *1969* Season of Migration to the North. (African Writer Series Nr. 66). London; Ibadan.

SALTER, J.
1446.) *1895* The East in the West of Work Among the Asiatics and Africans in London. London.

SALVADOR, André
1447.) *1983* Les nouveaux esclaves.
In: *Hommes et Migrations* 1051:11-18.

SAMMAN, M. L.
1448.) *1976* Les étrangers au recensement de 1975. Paris.

SAMOVAR, L. A.; R. E. PORTER (Eds.)
1449.) *1976(72)* Intercultural Communication. A Reader. Belmont.

SAMUEL, Michel
1450.) *1978* Le prolétariat africain noir en France. Paris.

SANCHEZ, C.
1451.) *1979* Der Neger in der bildenden Kunst der deutschen Renaissance. Seine Verherrlichung vor seinem Verfall.
In: *Négritude et Germanité* (?): 49-58.

SANCHO, Ignatius
1452.) *1782* The Letters of the Late Ignatius Sancho, an African to Which are Prefixed Memoirs of His Life by Joseph Jekyll, Esq., M.P. London.

SANDIFORD, Keith A.
1453.) *1988* Measuring the Moment: Strategies of Protest in Eighteenth Century Afro- English Writing. Selinsgrove.

SANKOH, Osman Alimamy
1454.) *1997* Mit dem DAAD in Deutschland studieren- Ein Afrikaner erzählt. Berlin.
1455.) *1999* Ein Vermittler zwischen zwei Welten- Afrika und Deutschland. Berlin.

SANMARCO, Louis
1456.) *1983* Le colonisateur colonisé. Paris.

SASSI, B.
1457.) *1968* Les travailleurs tunisiens dans la région parisienne.
In: *Hommes et Migrations*, Etude No. 109.

SAUER, Walter
1458.) *1996* Auf der Suche nach dem afrikanischen Wien. Wien.

SAUNDERS, A. C. de C. M.
1459.) *1982* A Social History of Black Slaves and Freedmen in Portugal, 1441-1555. Cambridge et al.

SAYAD, A.
1460.) *1972* Les trois „ages" de l'émigration algérienne en France.
In: *Actes de la Recherche en Science Sociales*, 15: 58-86.
1461.) *1987* Les immigrés algériens et la nationalité française.
In: S. Laacher: Questions de nationalité. Histoire et enjeux d'un code. Paris.

SAYERS, W. C . B.
1462.) *1915* Samuel Coleridge- Taylor- Musician: His Life and Letters. London. (rev. ed. 1927).

SCELLE, George
1463.) *1906* La traite négrière aux Indes de Castille. 2 Bde. Paris.

SCHÄFER, Wolfram
1464.) *1988* Von „Kammermohren", „Mohren-Tambouren" und „Ost-Indianern". Anmerkungen zu Existenzbedingungen und Lebensformen einer Minderheit im 18. Jahrhundert unter besonderer Berücksichtigung der Residenzstadt Kassel.
In: *Hessische Blätter für Volks- und Kulturforschung* 23: 35-79.

SCHAUBE, Adolf
1465.) *1973(1906)* Handelsgeschichte der romanischen Völker des Mittelmeergebiets bis zum Ende der Kreuzzüge. Osnabrück.

SCHIFFNER, Carl
1466.) *1935* Aus dem Leben alter Freiberger Bergstudenten. Bd.1. Freiberg: 327-331.

SCHILDKROUT, Enid (Hg.)
1467.) *1987* Larry Yarak, Kwasi Boakye and Kwame Poku: Dutch-educated Asante „Princes".
In: ders., The Golden Stool: Studies in the Asante Center and Periphery. New York: 133ff.

SCHLÜTER, A.
1468.) *1983* Die Eritreer in der Bundesrepublik Deutschland. Vornehmlich am Beispiel Hamburgs. Hamburg. (Unveröffentl. Magisterarbeit).

SCHMALZ-JACOBSEN, Cornelia; Georg HANSEN (Hg.)
1469.) *1995* Ethnische Minderheiten in der Bundesrepublik Deutschland. München.
1470.) *1997* Kleines Lexikon der ethnischen Minderheiten in Deutschland. München (2.Aufl.)

SCHMIDT, Friedrich
1471.) *1963* Eine Mohrentaufe und Heirat im alten Hamburg.
In: *Zeitschrift für Niederdeutsche Familienkunde* 38, 2: 48-51.

SCHMIDT, Heike (Hg.)
1472.) *2000* Mündliche Geschichte- Afrika erinnern. Lebensgeschichten afrodeutscher und afrikanischer BerlinerInnen. Institut für Asien- und Afrikawissenschaften, Humboldt- Universität. Berlin. (Unveröffentl. Magisterschrift.)

SCHMIDT, Horst
1473.) *1977* Ein Afrikaner in Rußland. Ibrahim Petrowitsch Hannibal.
In: Burchard Brentjes (Hg.): Der Beitrag der Völker Afrikas zur Weltkultur. Materialien einer wissenschaftlichen Arbeitstagung zu Ehren des Philosophen Anton Wilhelm Amo (1727-1747 in Halle- Wittenberg und Jena). Halle (Saale).

SCHMIDT, Viola
1474.) *1994* In einem lebendigen Haus bewegen sich die Sachen: Interview mit Pastor Mwakalambo über afrikanische Gemeinden in Hamburg.
In: *Nordelbische Stimmen* 9: 280-282.

SCHMIDT DI FRIEDBERG, Ottavia
1475.) *1992* „Il murisdismo nell'immigrazione senegalese", Communication au Colloque "L'immigrazione extra- comunitaria tra solidarietà e conflitto", Univ. La Sapienzia, Rom.
1476.) *1993a* „L'immigration africaine en Italie: le cas sénégalais", n° spécial: migrations et relations transnationales, XXIV, n° 1, mars 1993: 125-140.
1477.) *1993b* L'evoluzione dell'emigrazione senegalese: il caso della confraternita muride in Italia, Univ. Siena. Siena. (Doctorat Sciences Politiques).
1478.) *1994a* Islam, solidarietà e lavoro: i muridi senegalesi in Italia. Turin.
1479.) *1994b* Les burkinabés et les sénégalais dans le contexte de l'immigration ouest- africaine en Italie, Dakar; Orstom. (Rapport de recherche partagée).
1480.) *1994c* „Le réseau sénégalais mouride en Italie.
In: G. Kepel (S- dir.), Exils et royaumes, les appartenances au monde arabo- musulman aujhourd'hui. Paris: 301-29.
1481.) *1995* Les burkinabés et les sénégalais dans le contexte de l'immigration ouest- africaine en Italie.
In: *Mondes en développement* T. 23 n° 91: 67-80.

SCHÖNMEIER, Hermann W. (Hg.)
1482.) *1991* Prüfung der Möglichkeiten eines Fachkräfteprogramms Mosambik. Saarbrücken.

SCHÖNMEIER, Herrmann W. ; Ewald GOLD
1483.) *1989* Berufsbildung als Instrument der Flüchtlingshilfe in Erstasylländern. Das Beispiel Sudan.
In: *Internationales Afrikaforum* 25, 3: 251-254.

SCHÖTTES, Martina; Monika SCHUCKAR (Hg.)
1484.) *1996* Frauen auf der Flucht II. Berlin: Berliner Institut für Vergleichende Sozialforschung.

SCHRÖDER, Günter
1485.) *1992* Die eritreische Gemeinschaft in Deutschland.
In: Berliner Institut für Vergleichende Sozialforschung (Hg.), Ethnische Minderheiten in Deutschland. Berlin. (Erste Lieferung, Abschnitt 3.2.1.)

SCHUBERT, Johannes; Wilhelm B. DRACH
1486.) *1982* Junge Flüchtlinge aus Äthiopien in München. München.

SCHUMANN, Adelheid; Josef BESSEN
1487.) *1995* Avec l'Algérie. De la France au tiers monde IV. Les rapports franco-allemands actuels.

La deuxième génération d'origine nord- africaine. (Bielefelder Arbeitsmaterialien aus dem Oberstufenkolleg.) Bielefeld.

SCHUSTER, Gabriele
1488.) *1996* Der „Mohr" als Schauobjekt im k.k. Naturalienkabinett Wien.
In: G. Höpp (Hg.), Fremde Erfahrungen. Asiaten und Afrikaner in Deutschland, Österreich und in der Schweiz bis 1945. Berlin: 97-109.

SCHUSTER, Harald
1489.) *1992* Somalische Flüchtlinge in Deutschland.
In: Berliner Institut für Vergleichende Sozialforschung (Hg.), Ethnische Minderheiten in Deutschland. Berlin. (1.Lieferung Abschnitt 3.1.4.)

SCHUTTE, C. D.
1490.) *1990* Some Attitudes of Portuguese Immigrants to South Africa Regarding Re- Migration.
In: *South African Journal of Sociology* 21, 3: 157-166.

SCHÜTT, P.
1491.) *1981* Der Mohr hat seine Schuldigkeit getan. Gibt es Rassismus in der Bundesrepublik? Dortmund.

SCHWARZ, Alice
1492.) *1995* „Den janzen Sommer nur Jetrommel." Zum Forschungsprojekt „Heimatklänge 1993-No Make Palaver".
In: Forschungszentrum Populäre Musik (Hg.), PopSkriptum 3. Aufsätze zur populären Musik. Berlin.

SCIDA, G.
1493.) *1991a* Rapporto sugli immigrati extra-comunitari a Catania, Meeting del Mediterraneo, Catania.
1494.) *1991b* „Senegalese e mauriziani a Catania: due riposte ? Ergenti alla sfida dell'integrazione sociale".
In: *La ricerca sociale*, novembre: 47-48.
1495.) *1993* „Risposte alla sfida dell'intgrazione sociale in due gruppi di immigrati ecxtracomunitari a Catania".
In: M. Delledonne, P. Melotti, (eds., et al.), Immigrazione in Europa: solidarietà e conflitto. Rom.
1496.) *1990* „Un'indagine sugli immigrati extra-comunitari a Catania".
In: G. Scida, G. Pollini, Stranieri in città. Politiche sociali e modelli d'integrazione.Milan.

SCIDA, G.; G. POLLINI
1497.) *1993* Stranieri in città. Politiche sociali e modelli d'integrazione. Milan.

SCOBIE, Edward
1498.) *1972* Black Britannia. A History of Blacks in Britain. Chicago.
1499.) *1981* The Black in Western Europe.
In: Ivan Van Sertima, (ed.), African Presence in Early Europe. New Brunswick et al.
1500.) *1992* The Moors and Portugal's Global Expansion.
In: Ivan Van Sertima (ed.), Golden Age of the Moor. New Brunswick; London.

SEBALD, Peter
1501.) *1996* Protten Africanus und die Herrnhuter Brüdergemeinde.
In: G. Höpp (Hg.), Fremde Erfahrungen. Asiaten und Afrikaner in Deutschland, Österreich und in der Schweiz bis 1945. Berlin: 33-51.

Secrétariat général à l'integration
1502.) *1992* L'immigration en France des ressortissants des pays d'Afrique noire. Paris (rapport).

SEIDEL, Heinz
1503.) *1979* Ausländische Arbeitnehmer in der Bundesrepublik Deutschland: Ein statistischer Überblick.
In: *Deutsch lernen, Zeitschrift für den Sprachunterricht mit ausländischen Arbeitsnehmern*, 1/79.

SEITERICH, Thomas

1504.) *1991* Soweto in Thüringen. Wo die südafrikanischen Flüchtlinge in der ehemaligen DDR ein Stück Heimat fanden.
In: *Publik-Forum* 20, 16: 8-9.

SELL, Manfred
1505.) *1940* Die schwarze Völkerwanderung. Der Einbruch des Negers in die Kulturwelt. Wien.

SELLITZ, C.; S. W. COOK
1506.) *1962* Factors Influencing Attitudes of Foreign Students Toward the Host Country.
In: *Journal of Social Issues* 18, 1: 7-23.

SEPA BONABA, Edmundo
1507.) *1993* Els Negres Catalans: la Immigración Africana a Catalunya. Barcelona.

SEPHOCLE, Marylin
1508.) *1992* Anton Wilhelm Amo.
In: *Journal of Black Studies* 23:182-187.

SEROFF, Doug
1509.) *1986* The Fisk Jubilee Singers in Britain.
In: Lotz, Rainer; Ian Pegg, Under the Imperial Carpet. Essays in Black History 1780-1950. Crawley.

SHEFFER, Gabriel (ed.)
1510.) *1986* Modern Diasporas in International Politics. London.

SHEPPERSON, George
1511.) *1965* The African Abroad or the African Diaspora.
In: T. O. Ranger (ed.), Emerging Themes of African History. Nairobi.
1512.) *1976* Introduction.
In: Kilson, M. L.; R. I. Rotberg (eds.), The African Diaspora. Cambridge, Mass.; London.
1513.) *1982* African Diaspora: Concept and Context.
In: J. E. Harris (ed.), Global Dimensions of the African Diaspora. Washington D.C.

SHERWOOD, Marika
1514.) *1991* Racism and Resistance:Cardiff in the 1930s and 1940s.
In: *Llafur* 5, 4.
1515.) *1994* Kwame Nkrumah: The London Years, 1945-47.
In: David Killingray (ed.), Africans in Britain. Illford, Essex.

SHYLLON, Folarin O.
1516.) *1974* Black Slaves in Britain. London; New York; Ibadan.
1517.) *1977a* Black People in Britain 1555-1833. London.
1518.) *1977b* Olaudah Equiano: Nigerian Nationalist and First National Leader of Africans in Britain.
In: *Journal of African Studies* 4: 433-51.
1519.) *1982* Blacks in Britain. A Historical and Analytical Overview.
In: Joseph E. Harris (ed.), Global Dimensions of the African Diaspora. Washington, D.C.
1520.) *1992* The Black Presence and Experience in Britain: An Analytical Overview.
In: Gundara, J. S. ; I. Duffield (eds.), Essays on the History of Blacks in Britain. From Roman Times to the Mid-Twentieth Century. Averbury: 202-224.

SIARES
1521.) *1994* L'immigrazione a Roma dai paesi in via di sviluppo. Rom. (Rapporto di ricerca).

SIEGEL, P.
1522.) *1902* Aphra Behns Gedichte und Prosawerke.
In: *Zeitschrift für Englische Philologie* 25, 13: 86-385.

SILBERMAN, Roxane
1523.) *1991* Regroupement familial: ce que disent les statistiques.
In: *Hommes et Migrations* 1141: 13-17.

SILVERMAN, Maxim

1524.) *1992* Deconstructing the Nation. Immigration, Racism and Citizenship in Modern France. (Critical Studies in Racism and Migration). London; New York.

SIMON, Gildas
1525.) *1984a* Villes et migrations internationales de travail dans le tiers monde. Poitiers.
1526.) *1984b* Marchands ambulants et commerçants etrangers en France et en Allemagne Federale. Poitiers.
1527.) *1986* La nouvelle donne migratoire en Europe du sud.
In: *REMI* 2, 1: 9-36.
1528.) *1990* Les diasporas maghrébins et la construction européenne.
In: *REMI* 6, 2: 97-106.

SIMON, Gildas et al.
1529.) *1985* Recherches en Europe sur les migrations internationales (Belgique, France, Grande-Bretagne).
In: *REMI* 1, 1: 159-185.

SIMON, Gildas; Daniel NOIN
1530.) *1972* La migration maghrébine vers l'Europe.
In: *Cahiers d'Outre-mer* 25.Jg., 99: 59-86.

SIMPSON, G.; J. M. YINGER
1531.) *1953* Racial and Cultural Minorities. An Analysis of Prejudice and Discrimination. New York.

SIMUNOVIC, P. et al.
1532.) *1991* Espagne, le gendarme méridional de l'Europe.
In: Migration: Old World, New Faces: 23-28.

SIVANANDAN, A.
1533.) *1974* „Alien Gods".
In: B. Parekh, (ed.) Colour, Culture, Consciousness: Immigrant Intellectuals in Britain. London: 104-18.

SKELTON, R. A.
1534.) *1958* An Ethiopian Embassy to Western Europe in 1306.
In: O. G. S. Crawford (ed.): Ethiopian Itineraries, circa 1400- 1524. Cambridge.

SKINNER, Elliott P.
1535.) *1982* The Dialectic Between Diasporas and Homelands.
In: J. E. Harris (ed.), Global Dimensions of the African Diaspora. Washington D.C.

SMITH, D. J.
1536.) *1976* The Facts of Racial Disadvantage: A National Survey. London.

SNOWDEN, Frank M. Jr.
1537.) *1970* Blacks in Antiquity. Ethiopians in the Greco- Roman Experience. Cambridge et al.
1538.) *1976* Iconographical Evidence on the Black Populations in Greco-Roman Antiquity.
In: *IOB* 1: 133-245.
1539.) *1983* Before Color Prejudice. The Ancient View of Blacks. Cambridge et al.

SÖHL, Irmhild
1540.) *1991* Tadesse, warum? Das kurze Leben eines äthiopischen Jungen in einem deutschen Dorf. Stuttgart.

SOKOLOWSKI
1541.) *1928* Karl Hagenbeck und sein Werk. Leipzig.

SOL, C. et al.
1542.) *1990* Criteris d'integracion socio- cultural: els inmigrants interiors i estrangers i Catalunya, Barcelona. (Les mouvements humains en Méditerranée Occidentale: symposium international de 7 au 9 novembre 1989).

SOLÉ, C.

1543.) *1989* La inmigración africana y asiática en Cataluna.
In: Junta de Andalucía (ed.), Simposium Internacional Emigración y Retorno. Sevilla.

SOPEMI
1544.) *1991* France, Italie, Espagne, États-Unis: la régularisation des clandestins.
In: *Hommes et Migrations* 1139: 27-34.

SORENSON, John
1545.) *1990* Opposition, Exile and Identity. The Eritrean Case.
In: *Journal of Refugee Studies* 3, 4: 298-319.
1546.) *1992* Essence and Contingency in the Construction of Nationhood: Transformations of Identity in Ethiopia and Its Diasporas.
In: *Diaspora* 2, 2: 201-228.

SOS-Racismo
1547.) *1995* Boletim SOS-Racismo, Nov./Dez., 11. Lissabon.

SOUTHERN, E.
1548.) *1982* Biographical Dictionary of African-American and African Musicians. Westport, CT.

STACKELBURG, Jürgen von
1549.) *1981* Klassische Autoren des schwarzen Erdteils- Die französischsprachige Literatur Afrikas und der Antillen. München.

STAEHELIN, Balthasar
1550.) *1993* Völkerschauen im Zoologischen Garten Basel 1879-1935. Basel.

STANTON, G.
1551.) *1991* „Guests in the Dock" Moroccan Workers on Trial in the Colony of Gibraltar.
In: *Critique of Anthropology* 11: 361-79.

STAPLETON, Chris
1552.) *1990* African Connections: London's Hidden Music Scene.
In: Paul Oliver (ed.), Black Music in Britain. Essays in Afro- Asian Contributions to Popular Music. Milton Keynes.

STEIN, Barry N.
1553.) *1994* Ad hoc Assistance to Return Movements and Long- Term Development Programmes.
In: Allen, Tim.; Hubert Morsink (eds.), When Refugees go Home. African Experiences. Trenton, New Jersey: 50-70.

STEINER, Paul
1554.) *1919 (1870)* Ein weitgereister Neger. Basel.

STOLLER, Paul
1555.) *1996* Spaces, Places and Fields: The Politics of West African Trading in New York City's Informal Economy.
In: *American Anthropologist* 98, 1: 9-15.

STOLZ, K.
1556.) *1908* Wie ein Schwarzer das Land der Weißen ansieht. Basel.

STRAUCH, ?
1557.) *1900* Zur Frage der Ausfuhr von Eingeborenen aus den deutschen Kolonien zum Zwecke der Schaustellung.
In: *Deutsche Kolonialzeitung*. Berlin.

STRIEDER, Jacob
1558.) *1919* Levantinische Handelsfahrten deutscher Kaufleute des 16. Jahrhunderts.
In: Meereskunde, Sammlung volkstümlicher Vorträge zum Verständnis der Nationalen Bedeutung von Meer und Seewesen. Berlin: 1-34.

STRUCK, Bernhard
1559.) *1916* Nochmals A.W. Amo (Ein Neger als Privatdozent und Kgl. Preuß. Geheimrat).

In: *Akademische Rundschau* 5, 2: 54-56.

SUÀREZ NAVAZ, L.; A. HERNANDEZ
1560.) *1993* Analisis de la representación de los inmigrantes africanos en la pensa espanola. (manuscrito).
1561.) *1994* Los trabajadores africanos en la agricultura intensiva espanola: el caso de Zafarraya.
In: *Informe de trabajo de campo*.
1562.) *1995* Law and Surveillance in Southern Spain, to be published
in: *POLAR, Political and Legal Anthropology Review*, fall.
1563.) *1996* Political Economy of the Mediterranean Rebodering, to be published
in: *Stanford Humanities Review*; spring.

SUCKALE-REDLEFSEN, Gude
1564.) *1986* Mauritius, der heilige Mohr. The Black Saint Maurice. München; Houston.

SUMMERFIELD, H.
1565.) *1993* Patterns of Adaptation: Somali and Bangladeshi Women in Britain.
In: G. Bujis (ed.), Migrant Women. Crossing Boundaries and Changing Identities. (Berg: Cross-Cultural Perspectives on Women, Vol. 7). Oxford; Providence.

TAAMALLAH, Khémaies
1566.) *1972* L'origine géographique de la main d'œuvre tunisienne en France.
In: *Hommes et Migrations* no. 918.
1567.) *1977* Enquête par sondage sur la main d'œuvre tunisienne dans la région parisienne.
In: *Revue Tunisienne de Sciences Sociales*, no.50/51.
1568.) *1987* L'émigration de la main d'œuvre tunisienne.
In: *Les cahiers de Tunisie* 35, 141/ 142: 132-144.

Table ronde interrégionale tripartite sur les migrations internationales
1569.) *1989* Afrique du nord, Afrique de l'ouest, Europe occidentale. Compte rendu sommaire. Geneva.

TAIWÉ, Kolyang Dina
1570.) *1996* „...dann ist das Herz verwundet". Eine Begegnung der Kulturen- Afrobremensien. Bremen.

TALE, M.
1571.) *1990* „Foreign Immigration in Italy: Levels, Characteristics and Prospects".
In: *Polis* 4, 1 April: 5-40.

TALHA, Larbi
1572.) *1974a* L'évolution du mouvement migratoire entre le Maghreb et la France.
In: *Maghreb- Machrek*, Nr.61/ 1974. Paris.
1573.) *1974b* La migration maghrébine dans les rapports entre l'Europe industrialisée et le Maghreb retardé.
In: W. K. Ruf (éd.), Indépendance et interdépendance au Maghreb. Paris.
1574.) *1976* Genèse et essor de l'offre de travail migrant: le cas du Maghreb.
In: W. K. Ruf (éd.), Indépendance et interdépendance au Maghreb. Paris.
1575.) *1989* Le salariat immigré dans la crise. La main d'œuvre maghrebine en France 1921- 1987. Paris.

TALL, M.
1576.) *1994* Les investissements immobiliers des migrants internationaux à Dakar.
In: *REMI* 10, 3: 137-151.

TANDON, Yash
1577.) *1973* Problems of a Displaced Minority. The New Position of East African's Asians. (MRG Report No. 16). London.

TAPINOS, Georges
1578.) *1974* L'économie des migrations internationales. Paris.
1579.) *1975a* L'immigration étrangère en France.
In : *Cahiers de l'I.N.E.D.* no. 71. Paris.
1580.) *1975b* L'immigration étrangère en France 1946-73. Paris.

1581.) *1994* Libre- échange et migration internationale au Maghreb. Paris.

TAPSCOTT, Chris
1582.) *1994* A Tale of Two Homecomings. Influences of the Economy and State of the Reintegration of Repatriated Namibian Exiles, 1989-1991.
In: Allen, Tim; Hubert Morsink (eds.), When Refugees go Home. African Experiences. Trenton, New Jersey: 251-259.

TARRIUS, Alain
1583.) *1987* L'entrée dans la ville: migrations maghrébins et recompositions des tissus urbains à Tunis et à Marseille.
In: *REMI* 3, 1/ 2: 131-148.
1584.) *1988* Migrants et aménageurs: Tunis, Marseille.
In: Meyer, M. ; G. Althabe (éds.), Des migrants et des villes. Mobilité et insertion. Aix-en-Provence: 77-98..
1585.) *1995* Arabes de France dans l'économie mondiale souterraine. L'Aube- Essai.

TEO, Thomas
1586.) *1994* Zur Identität von sogenannten Mischlingen.
In: Mecheril, Paul; Thomas Teo (Hg.), Andere Deutsche. Zur Lebenssituation von Menschen multiethnischer und multikultureller Herkunft. Berlin.

TERBORG- PENN, Rosalyn
1587.) *1987* African Feminism: A Theoretical Approach to the History of Women in the African Diaspora.
In: dies. et al., Women in Africa and the African Diaspora. Washington D.C.

TER HAAR, Gerrie
1588.) *1998* Halfway to Paradise. African Christians in Europe. Cardiff.

The Times News Team
1589.) *1968* The Black Man in Search of Power. A Survey of the Black Revolution Across the World. London.

THIMM, Karin; Echols DURELL
1590.) *1973* Schwarze in Deutschland: Protokolle. München.

THODE-ARORA, Hilke
1591.) *1989* Für fünfzig Pfennig um die Welt. Die Hagenbeckschen Völkerschauen. Frankfurt/M.
1592.) *1996* „Charakteristische Gestalten des Volkslebens".Die Hagenbeckschen Südasien-, Orient-, und Afrika-Völkerschauen.
In: G. Höpp (Hg.), Fremde Erfahrungen. Asiaten und Afrikaner in Deutschland, Österreich und in der Schweiz bis 1945. Berlin: 109-135.

THOMÄ-VENSKE, Hanns
1593.) *1990* Notizen zur Situation der Ausländer in der DDR.
In: *Zeitschrift für Ausländerrecht und Ausländerpolitik* 3: 125-131.

THOMAS, A. (Hg.)
1594.) *1983* Erforschung interkultureller Beziehungen. Forschungsansätze und Perspektiven. (SSIP Bulletin Nr. 51). Saarbrücken.
1595.) *1984* Interkultureller Personenaustausch in Forschung und Praxis. (SSIP Bulletin Nr. 54). Saarbrücken.
1596.) *1985a* Interkultureller Austausch als interkulturelles Handeln. Theoretische Grundlagen der Austauschforschung. (SSIP Bulletin Nr. 56). Saarbrücken.
1597.) *1985b* Interkulturelle Kommunikation und Ausländerstudium aus der Sicht der Austauschforschung. Vortrag vor der Fachgruppe Entwicklungspolitik der Gesellschaft für Deutschlandforschung. Vlotho.

THOMAS, Erik
1598.) *1974* Die Compagnie der Schwarzhäupter zu Riga und ihr Silberschatz. Lüneburg.

THOMAS, E. J.
1599.) *1982* The Status of Immigrant Workers in France.
In: E. J. Thomas (ed.), Immigrant Workers in Europe and the Question of Their Legal Status. o.O.

THOMAS, Nicholas
1600.) *1996* Cold Fusion.
In: *American Anthropologist* 98, 1: 9-25.

THOMPSON, Leslie
1601.) *1985* Leslie Thompson: An Autobiography as Told to Jeffrey P. Green. Crawley, Sussex.

THOMPSON, Vincent
1602.) *1969* Africa and Unity: The Evolution of Pan-Africanism. New York.

THORNTON, John
1603.) *1992* Africa and Africans in the Making of the Atlantic World, 1400-1680. Cambridge.

TICHELMANN, Pauline
1604.) *1996* "God has an Answer to all Your Problems", Genezingssessies binnen en Ghanese pinkstergemeente in Amsterdam- Zuidoost.
In: *Medische Antropologie* 8, 2: 306-323.

TIMERA, Mahamet
1605.) *1992* Les jeunes issus de l'immigration soninkée face aux identités familiales et communautaires.
In: *Migrants-Formation*: 91. Paris.
1606.) *1993* Les immigrés soninkés dans la ville: situations migratoires et stratégies identitaires dans l'espace résidentiel et professionnel, EHESS, Paris. (Thése de doctorat en Sociologie).
1607.) *1996* Les soninkés en France, d'une histoire à l'autre. Karthala; Paris.

TISSEUR, J. P.
1608.) *1994* L'investissements immobiliers au sein de la Médina de Dakar, Univ. Poitiers, Poitiers. (DEA de géographie).

TIZARD, Barbara
1609.) *1993* Black, White or Mixed Race? Race and Racism in the Lives of Young People of Mixed Parentage. London.

TODISCO, E.
1610.) *1990* La scolarizzazione degli immigrati stranieri in Italia.
In: *Studi Emigrazione* 27, 99: 306-348. Sept.1990.

TOUBON, Jean-Claude; Khelifa MESSAMAH
1611.) *1989* La goutte d'or. Constitution, mode d'appropriation et de fonctionnement d'un espace pluri-éthique.
In: *Hommes et Migrations* 1122: 9-19.

TRAORE,
1612.) *1992a* Les impacts financiers et économiques des migrations des populations de Guidimakha en France sur leur région d'origine, Univ. Dakar, CAD de Dakar. (DEA d'anthropologie).
1613.) *1992b* Dimension ethnique de la migration dans la vallée du fleuve Sénégal. Univ.Montreal. Montreal. (Diss.)
1614.) *1993* Les modèles migratoires soninkés et poulars de la vallée du fleuve Sénégal.
In: *REMI* 10, 3: 61-81.

TREBOUS, M.
1615.) *1970* Migration and Development: The Case of Algeria. Paris.

TREOSSI, A.
1616.) *1990* Senegalesi a Faenza. Un'indagine sociologica su una comunità di immigrati. Univ. Bologna. Bologna. (Tesi di Laurea).

TREUHEIT, W.; H. OTTEN
1617.) *1986* Akkulturation junger Ausländer in der Bundesrepublik Deutschland. Opladen.

TRIBALAT, Michèle
1618.) *1982* Chronique de l'immigration.
 In: *Population* 37, 1: 131-157.
1619.) *1994* Faire France, une enquête sur les immigrés et leurs enfants. Paris.

TRIPIER, Maryse
1620.) *1990* L'immigration dans la classe ouvrière en France. Paris.

TROMMER, L; H. KOHLER
1621.) *1981* Ausländer in der Bundesrepublik Deutschland. Dokumentation und Analyse amtlicher Statistiken. Deutsches Jugendinstitut. München.

TUC
1622.) *1995* Black and Betrayed: A TUC Report on Black Workers' Experience of Unemployment and Low Pay in 1994-95. (Trades Union Congress Economic and Social Affairs Department). London.

TURKSON, Peter; Frans WIJSEN (eds.)
1623.) *1994* Inculturation: Abide by the Otherness of Africa and the Africans: Papers From a Congress (Oct.21-22, 1993 Herleen, Netherlands) at the Occasion of 100 Years SMA- Presence in the Netherlands. Kampen.

TURNER, Darwin T.
1624.) *1982* Thoughts About Literature, the Diaspora and Africa.
 In: J. E. Harris (ed.), Global Dimensions of the African Diaspora. Washington D.C.

ÜCÜNCÜ, S.
1625.) *o.D.* Vorurteile gegen Ausländer. Ursachen und Folgen eines integrationshemmenden Faktors. Migration. Texte über Ursachen und Folgen der Migration. Teil 1: Ausländerfeindlichkeit 4: 31-68.

UHLMANN, Otto
1626.) *1963* Afrikaner im Westerwald. Bonn.

UNHCR-Report
1627.) *1995/96* Zur Lage der Flüchtlinge in der Welt. Bonn.
1628.) *1997* The State of the World's Refugees: a Humanitarian Agenda. Oxford.

UNO
1629.) *1989* World Population Policies 2. Gabon to Norway. New York.

ÜNSAL, Ismail Hakki
1630.) *1990* Ausländer in der DDR. Artikel aus Zeitschriften. Berlin.

VAILLANT, Janet G.
1631.) *1990* Black, French, and African: a Life of Léopold S. Senghor. Cambridge, Mass. et al.

VALLAT, Colette
1632.) *1993* Des immigrés en Campanie!
 In: *REMI* 9, 1: 47-56.

VAN BINSBERGEN, Wim M. J. (ed.)
1633.) *1998* Black Athena: Ten Years After. The Netherlands: African Studies Centre.

VAN DER HEYDEN, Ulrich
1634.) *1996* Südafrikanische „Berliner". Die Kolonial-und die Transvaal-Ausstellung in Berlin und die Haltung der deutschen Missionsgesellschaften zur Präsentation fremder Menschen und Kulturen.
 In: G. Höpp (Hg.), Fremde Erfahrungen. Asiaten und Afrikaner in Deutschland, Österreich und in der Schweiz bis 1945. Berlin: 135-159.

VAN DIJK, Rijk A.
1635.) *1997* From Camp to Encompassment: Discourses of Transsubjectivity in the Ghanaian Pentecostal Diaspora.
In: *Journal of Religion in Africa* XXVII, Fasc. 2, May 1997.

VAN KESSEL, Ineke
1636.) *2000* Afrikanen in Nederland. (Themadag Afrikaanse Gemeenschappen in Nederland 1998). Leiden; Amsterdam et al.

VAN SERTIMA, Ivan
1637.) *1981* African Presences in Early Europe. The Definitional Problem.
In: *Journal of African Civilizations* 3, 1: 21-30.
1638.) *1992* The Moor in Africa and Europe.
In: ders. (ed.): Golden Age of the Moor. New Brunswick; London.

VAN SERTIMA, Ivan (ed.)
1639.) *1984* Black Women in Antiquity. New Brunswick et al.
1640.) *1990* African Presence in Early Europe. New Brunswick et al.
1641.) *1992* Golden Age of the Moor. New Brunswick; London.

VAN WYK SMITH, M.
1642.) *1991* Writing the African Diaspora in the Eighteenth Century.
In: *Diaspora* 1, 2: 127-142.

VAUGHAN, David
1643.) *1950* Negro Victory, the Life Story of Dr. Harold Moody. London.

VEITER, Theodor (Hg.)
1644.) *1975* 25 Jahre Flüchtlingsforschung. Ein Rückblick auf Flucht, Vertreibung und Massenwanderung. (Abhandlungen zu Flüchtlingsfragen, Band 10.) Wien.

VENTURINI, Alessandra
1645.) *1988* An Interpretation of Mediterranean Migration.
In : *Labour* 2, 2: 125-154.
1646.) *1991* Immigration et marché du travail en Italie: données récentes.
In: *REMI* 7, 2: 97-114.

VERHAEREN, Raphaël-Emmanuel
1647.) Future Trends in International Migration to Europe.
In: *IMR* 27, 3: 630-39.

VERLINDEN, Charles
1648.) *1963* Traités des esclaves et traitants italiens à Constantinople (XIIIe-XVe siècles).
In: *Le moyen age* 69: 791-804.
1649.) *1964* Esclavage médiéval en Europe et esclavage colonial en Amérique.
In: *Cahiers de l'Institut des Hautes Études d'Amérique Latine* 6: 29-45.
1650.) *1966* Esclavage noir en France méridionale et courants de traite en Afrique.
In: *Annales du Midi. Revue Archéologique, Historique et Philosophique de la France Méridionale* 77: 335-343.
1651.) *1968* L'ésclavage dans le royaume de Naples a la fin du moyen age et la participation des marchands espagnols à la traite.
In : *Annuario de História Económica y Social* 1, 1: 345-385.
1652.) *1977* Traité des esclaves et cols Alpins au haut moyen age.
In: Tiroler Wirtschaftsstudien, Bd.33: Erzeugung, Verkehr und Handel in der Geschichte der Alpenländer. Innsbruck: 377-389.
1653.) *1978* Les « magasins » d'esclaves au bas moyen age.
In: Jürgen Schneider et al. (éds.): Wirtschaftskräfte und Wirtschaftswege, I: Mittelmeer und Kontinent. Festschrift für Hermann Kellenbenz. Orts- und Seitenangabe.

VERMA, Eva
1654.) *1993* Wo du auch herkommst. Binationale Paare durch die Jahrtausende. Frankfurt.

VICENTE, J. de
1655.) *1990* Los immigrantes africanos del Tercer Mundo en el Maresme. Informe de trabajo de campo. UAM.
1656.) *1993* Los inmigrantes neoafricanos en la CAM.
In: C. Giménez Romero (coord.), Inmigrantes extranjeros en Madrid. Tomo 2: Estudios monográficos de colectivos inmigrantes. Madrid.

Vierzig Jahre Flüchtlingskonvention.
1657.) *o.J.* In: *Archiv des Völkerrechts* 29, 3: 261-418.

VINCILEONI, Nicole
1658.) *1987* Comprendre l'œuvre de B. B. Dadié. Issy les Moulineaux.

VOß, Timm
1659.) *1981* Die algerisch- französische Arbeitsmigration. Ein Beispiel einer organisierten Rückwanderung. (Materialien zur Arbeitsmigration und Ausländerbeschäftigung, Bd. 8). Königstein, Ts.

VUDDAMALAY, Vasoodeven; Jean-Claude LAU THI KENG
1660.) *1989* Quelques aspects de la migration mauricienne.
In: *Hommes et Migrations* 1126: 41-45.

VUDDAMALAY, Vasoodeven; Paul WHITE; Deborah SPORTON
1661.) *1991* The Evolution of the Goutte d'Or as an Ethnic Minority District of Paris.
In: *New Community* 17, 2: 245-258.

WADE, Dorothy
1662.) *1991* Missionaries in a Godless Land.
In: *The Independent Magazine*, 4 May 1991: 34-40.

WAGNER, Wilfried (Hg.)
1663.) *1994* Kolonien und Missionen. Referate des 3. Internationalen Kolonialgeschichtlichen Symposiums 1993 in Bremen. Hamburg.

WAINWRIGHT, J.; H. M. STANLEY
1664.) *1873*, new edn.1890 My Kalulu, Prince, King and Slave: A Story of Central Africa. London.

WALDIS, Barbara
1665.) *1998* Trotz der Differenz: Interkulturelle Kommunikation bei maghrebinisch-europäischen Paarbeziehungen in der Schweiz und in Tunesien. Berlin.

WALLACE, T.
1666.) *1986* Displaced Labour: A Study of Employment Among Educated Refugees from the Horn of Africa. London.

WALTER, Carl Heinz
1667.) *1935* Machbuba, die Sklavin des Fürsten Pückler. Der Roman einer märkischen Heimkehr, mit einer Widmung von Graf Pückler und einer Einleitung von Hofrat Urban. Cottbus.

WALTERS, Ronald W.
1668.) *1993* Pan Africanism in the African Diaspora: An Analysis of Modern Afrocentric Political Movements. Detroit.

WALTNER, P.
1669.) *1988* Migration und soziokultureller Wandel in einer nordmarokkanischen Provinz. Strukturelle und kulturelle Aspekte der Aus-und Rückwanderung marokkanischer Arbeitskräfte vor dem Hintergrund von Unterentwicklung und wiedererwachtem islamischen Selbstbewußtsein. Eine empirsche Untersuchung. 2 Bde. (Diss.).

WALTON, H. et al.
1670.) *1985* A Tree God Planted: Black People in British Methodism. London.

WALVIN, James
1671.) *1971* The Black Presence. A Documentary History of the Negro in England, 1550-1860. London.

1672.) *1973* Black and White. The Negro and English Society, 1554-1945. London.
1673.) *1984* Passage to Britain. Immigration in British History and Politics. A Series of TVS Documentaries for Channel 4. Harmondsworth et al.
1674.) *1986* England, Slaves and Freedom, 1776-1833. London.

WARD, R.E.
1675.) *1979* Some Aspects of Religious Life in an Immigrant Area in Manchester.
In: *A Sociological Yearbook in Religion in Britain* 3: 12-29.

WARD, Robin
1676.) *1984* Race and Residence in Britain, Approaches to Differential Treatment in Housing. Warwick.

WARD, Tim
1677.) *1989* Praise the Lord! Black- led Churches in Britain. Selly Oak Colleges, Birmingham.

WARMBOLD, Joachim
1678.) *1992* If Only She Didn't Have Negro Blood in Her Veins: The Concept of 'Métissage' in German Colonial Literature.
In: *Journal of Black Studies* 23/2: 20-29.

WATSON, J. L. (ed.)
1679.) *1977* Between two Cultures: Migrants and Minorities in Britain. Oxford.

WATSON, Waltraud Nicole
1680.) *1998* Afro- Germans in Germany: A Private Perspective.
In: McBride, David; Leroy Hopkins; Carol Aisha Blackshire-Belay (Hg.), Crosscurrents: African Americans, Africa, and Germany in the Modern World. Columbia.

WATTENBACH, W.
1681.) *1874* Sklavenhandel im Mittelalter.
In: *Anzeiger für Kunde der deutschen Vorzeit* 21, Spalte 37-40.

WEBER, A.
1682.) *1992* Zur soziokulturellen Situation der Marokkanerinnen und Marokkaner in Frankfurt am Main. Amt für Multikulturelle Angelegenheiten. Frankfurt/M.

WEDDERBURN, Robert
1683.) *1824* The Horrors of Slavery. London.

WEEXSTEEN, Raoul
1684.) *1974* L'émigration algérienne en France.
In: *Le Monde Diplomatique* juillet 1: 20-1.

WEIBEL, Nadine
1685.) *1992* Les étrangers et la création d'entreprise en Alsace.
In : *REMI* 8, 1: 73-81.

WEIBO, Björn
1686.) *1978* African Refugees in Europe.
In: Melander, Göran; Peter Nobel (eds.), African Refugees and the Law. Uppsala.

WEIGEL, Jean- Yves
1687.) *1979* Mode de migration et système de production soninké (Sénégal). Paris. (Thèse de IIIe cycle en science économique.)
1688.) *1982* Migrations et production domestique des soninké du Sénégal. Paris.

WEIGT, Claudia
1689.) *1996* Zwischen Tradition und Selbständigkeit. Junge marokkanische Frauen in Frankfurt am Main. Frankfurt/M.

WEIGT, Claudia; Beate LORKE
1690.) *1994* Junge Marokkaner zwischen Schule, Betrieb und Konstabler Wache. Eschborn.

WEIHRICH, Christel
1691.) *1991* Die Guten und die Bösen. Das Fremde in Kinder- und Jugendbüchern.
In: Lorbeer, Marie; Beate Wild (Hg.), Menschenfresser, Negerküsse. Das Bild vom Fremden im deutschen Alltag. Berlin: 146-153.

WELLENKAMP, Dieter
1692.) *1970* Der Mohr von Berlin. Afrikaforscher Rohlfs und Sklave Noel. Darmstadt.

WELLESLEY COLE, Robert
1693.) *1981* Ignatius Sancho (1729-1780), An Early African Composer in England: the Collected Edition of his Music in Facsimile. New York.
1694.) *1986* Early African Musicians in Britain.
In: Lotz, Rainer; Ian Pegg, Under the Imperial Carpet. Essays in Black History 1780-1950. Crawley.
1695.) *1986* Pride of Empire. (autobiogr.)
In: Lotz, Rainer; Ian Pegg, Under the Imperial Carpet. Essays in Black History 1780-1950. Crawley.
1696.) *1988* An Innocent in Britain: Or the Missing Link. London.

WENTSCHER, Erich (Hg.)
1697.) *1938* Mohren- und Findlingstaufe.
In: *Archiv für Sippenforschung und alle verwandten Gebiete* 15: 11.

WERBNER, Pnina; Muhammad ANWAR (eds.)
1698.) *1986* Black and Ethnic Leaderships in Britain. The Cultural Dimensions of Political Action. London.

Werkstatt Solidarische Welt (Hg.)
1699.) *1995* Augsburg-Afrika. Ein Buch über Verbindungen. Augsburg.

WERNHART, Karl R. (Hg.)
1700.) *2000* Afrika und die Diaspora. Band I. Hamburg.

WIDGREN, Jonas
1701.) *1989* Asylum-Seekers in Europe in the Context of South-North Mouvements.
In: *International Migration Review* XXIII, 3: 599-605.

WILD, Inge
1702.) *1987* Beobachtungen zum Kulturkonflikt schwarzafrikanischer Germanistik-Studenten in der Bundesrepublik.
In: Alois Wierlacher (Hg.), Perspektiven und Verfahren interkultureller Germanistik. München: 419-436.

WILKINSON, John L.
1703.) *1993* Church in Black and White: The Black Christian Tradition in ‚Mainstream' Churches in England. A White Response and Testimony. Edinburgh.

WILKINSON, John; Renate WILKINSON; James EVANS
1704.) *1985* Inheritors Together: Black People in the Church of England. London.

WILKS, Ivor G.
1705.) *1974* Nkrumah, Kwame. Enc. Brit. 15th ed., vol. 13: 136-37.

WILLIAMS, Melvin D.
1706.) *1974* Community in a Black Pentecostal Church: An Anthropological Study. Pittsburg.

WILM, Sieghard
1707.) *1996* Afrikanische Gemeinden in Hamburg. Eine ökumenische Deutung aus europäischer Perspektive.
In: *Nordelbische Stimmen* 12: 4-6.

WILSDORF, Helmut
1708.) *1977* Aquasie Boache, Prinz von Schantiland, der erste Student aus Afrika an der Bergakademie zu Freiberg 1847/1849.
In: B. Brentjes, (ed.), Der Beitrag der Völker Afrikas zur Weltkultur. Materialien einer wissenschaftlichen Arbeitstagung zu Ehren des Philosophen Anton Wilhelm Amo (1727/1747 in Halle, Wittenberg und Jena). Halle (Saale).

WILSON, Carlton E.
1709.) *1992* Racism and Private Assistance: The Support of West Indian and African Missions in Liverpool, England, during the Interwar Years.
In: *African Studies Review* 35, 2: 55-76.

WILSON, K. B.
1710.) *1994* Refugees and Returnees as Social Agents. The Case of the Jehovah's Witnesses from Milange.
In: Allen, Tim; Hubert Morsink (eds.): When Refugees go Home. African Experiences. Trenton, New Jersey: 237-250.

WILSON, K. B.; J. NUNES
1711.) *1994* Repatriation to Mozambique. Refugee Initiative and Agency Planning in Milange District 1988-1991.
In: Allen, Tim; Hubert Morsink (eds.), When Refugees go Home. African Experiences. Trenton, New Jersey: 167-236.

WILSON, Peter; John STANWORTH
1712.) *1985* A Study of Inner London Black Minority Enterprise. London.

WILSON, Salim C.
1713.) *1939* I was a Slave. London.

WIPPICH, Peter
1714.) *1879* De swarte Feldtrompetter.
In: *Jahrbuch für Heimatkunde im Kreis Plön- Holstein*, 9. Jg.

WITHOL DE WENDEN, Catherine
1715.) *1988a* Les commerçants maghrebins en France.
In: *Dossier Migrations*, Nov.1987- Feb.1988.
1716.) *1988b* Trade Unions, Islam and Immigration.
In: *Economic and Industrial Democracy* 9, 1: 65-82.

WOLFRAM, Richard
1717.) *1953* Neue Funde zu den Morisken und Morikenstänzen.
In: *Zeitschrift für Volkskunde* 50: 107-113.

WONG, Diana; Wolfgang BOSSWICK
1718.) *1989* Die Etablierung von Exilgemeinden im Großraum Nürnberg-Fürth-Erlangen. (Vortrag für die Tagung der Arbeitsgruppe Migration und ethnische Minderheiten der Deutschen Gesellschaft für Soziologie vom 24.-25. November 1989 in Bonn. Bonn.

WORINGER, Zolldirektor i. R.
1719.) *1937* Mohren als Musiker und Spielleute.
In: *Zeitschrift für Heeres- und Uniformkunde*.

WRENCH, John; John SOLOMOS (eds.)
1720.) *1993* Racism and Migration in Western Europe. Oxford, Providence.

WRENCH, John; Harbhajan BRAR; Paul MARTIN
1721.) *1993* Invisible Minorities: Racism in New Towns and New Contexts. Warwick.

WRIGHT, Josephine
1722.) *1986* Early African Musicians in Britain.
In: Lotz, Rainer; Ian Pegg: Under the Imperial Carpet. Essays in Black History in Britain. Crawley.

WRIGHT, Peter L.
1723.)　*1968*　The Coloured Worker in British Industry. Oxford.

WRIGLEY, C. C.
1724.)　*1965*　Apolo Kagwa: Katikiro of Buganda.
　　　　　In: *Tarikh* 1, 2: 14-25.

WULFF, Helena
1725.)　*1985*　Twenty Girls: Growing up, Ethnicity, and Excitement in a South London Microculture. Stockholm.

ZEHRAOUI, Ashène
1726.)　*1971*　Les travailleurs algériens en France. Paris.

ZEHRAOUI, Ashène; Mahamed MAZOUZ
1727.)　*1984*　L'Algerie et l'immigration algerienne en France. Paris.

ZEQUENDI, Khalil
1728.)　*1989*　Bruxelles autrement- gros plan sur la communauté marocaine de la capitale de l'Europe. Bruxelles.

ZIEGLER, Adolf Wilhelm
1729.)　*1976*　Der Freisinger Mohr. Eine heimatgeschichtliche Untersuchung zum Freisinger Bischofs wappen. München.

ZIMMER, Marcel
1730.)　*1981*　L'émigration des Belges du Congo et leur réintegration en Belgique.
　　　　　In: *AWR Bulletin* 19, 1: 12-18.

ZINN, D. L.
1731.)　*1995*　The Senegalese Immigrants in Bari. What Happens When the Africans Peer Back.
　　　　　In: Benmayor, R.; A. Skotnes (eds.), Migration and Identity. (Oxford Univ. Press: International Yearbook of Oral History and Life Stories, Vol. 3). Oxford.

ZIPS, Werner (Hg.)
1732.)　*2001*　Afrika und die Diaspora. Münster; Hamburg.

ZITELMANN, Thomas
1733.)　*1988*　Sprache und Exil - das Beispiel der Oromo in Europa.
　　　　　In: Abraham Ashenkasi (Hg.): Das weltweite Flüchtlingsproblem. Sozialwissenschaftliche Versuche der Annäherung. Bremen.
1734.)　*1992*　Oromo in Deutschland- Gesichter einer Mini-Diaspora.
　　　　　In: Berliner Institut für Vergleichende Sozialforschung (Hg.), Ethnische Minderheiten in Deutschland. Berlin. (1.Lieferung, Abschnitt 3.2.2.)

ZOGRAFOU, Andreas
1735.)　*1991*　Situation der Ausländer aus den Ländern der Dritten Welt in Griechenland.
　　　　　In: *Informationsdienst zur Ausländerarbeit* 2: 48-54.

ZURARA, Gomes Eanes de
1736.)　*1981*　Crónica dos feitos notaveis que se passaram na conquista de Guiné par mandaolo do Infante Don Henrique. Versão actualizada do texto pelo Torquato de Sousa Soares, Vol.2. Lisboa.

ZURMÜHL, Ute
1737.)　*1991*　„Raus" und „Schweine" sind zwei der wenigen deutschen Wörter, die wir nicht umhinkamen zu lernen. Lincinio Azevedo und João Costa, mosambikanische Fernsehjournalisten zu ihren Dreharbeiten in der Ex-DDR.
　　　　　In: *Querbrief* 4: 18f.

Bibliographien

ADEPOJU, A.; COULIBALY:, (eds.)
1.) *1990* Literature Review on Migration Studies in Africa, Dakar, UEPA.

African Bibliographic Center (African Communications Liason Service Inc.)
2.) *1983* African Refugees. A Guide to Contemporary Information Sources. Washington.

BECKER, C.
3.) *1994* Essai bibliographique sur l'histoire des migrations internationales sénégalaises.
In: M.C. Diop (s.-dir.), Le Sénégal et ses voisins. Dakar: 258-292.

Bibliography on Undocumented Migrants or Migrants in an Irregular Situation
4.) *1983* International Migration Review/ Migrations Internationales/ Migraciones Internacionales 21:B1-B47.

Bibliography World Refugee Movements 1970-1980
5.) *1982* Genève-Afrique/Geneva Africa, 20: 129-146.

BREDELOUP, Sylvie
6.) *?* Guide Bibliographique: Émigration sénégalaise et immigration au Sénégal (Publications 1990-1995) Dakar.

ECKERT, Josef
7.) *1993* Arbeitsmigration aus Afrika in die EG: eine Bibliographie. Bergische Universität, Gesamthochschule Wuppertal. Wuppertal.

FARWER, Christine
8.) *1993* Afrikanische Flüchtlinge. Vertreibung und internationale Migration. Eine Auswahlbibliographie. Hamburg.

GUILMOTO, C. Z.
9.) *1994* Bibliographie démographique du Sénégal, 1960-1992.
In: Charbit, Y. et al. (eds.), La population du Sénégal. Dakar-Paris :575-615.

JOLY, Danièle (éd.)
10.) *1988* Refugees in Britain: An Annotated Bibliography (9). (Centre for Research in Ethnic Relations.) Warwick.

LENTZ, Carola; Nina von NOLTING
11.) *2000* Afrikaner in Deutschland- Eine kommentierte Bibliographie.
In: *Arbeitspapiere zu afrikanischen Gesellschaften* , 46

MADAN, Raj
12.) *1979* Colored Minorities in Great Britain. A Comprehensive Bibliography: 1970-1977. Westport.

STEIN, Barry
13.) *1981* Refugee Research Bibliography.
In: *International Migration Review* 15: 331-393.

UEPA
14.) *1985* Conference on the role of migration in African development : issues and policies for the 90s. Nairobi.(Comissioned papers).

WILLIAMS, Michael W.
15.) *1992* Pan- Africanism: An Annotated Bibliography. Pasadena.

Zeitschriften zu „ Migration"

-Affari Sociali Internazionali
-Annuaire des Migrations,(OMISTATS: Hg.)
-Ausländerkinder
-Cahiers d'Études Africaines. Revue trimestrielle. Paris.[Histor.Sem.: per 410 cea]
-Cahiers des l'Immigration Africaine
-Documentación Social. Revista de Estudios Sociales y de Sociologia Applicada
-Dossier Migrations
-Droit et Cultures
-epd-Entwicklungspolitik. Aktueller Beitrag.
-espaces et sociétés
-Ethnic and Racial Studies
-Etudes Démographiques
-Etudes Internationales
-Futures
-Hommes et Migrations
-Immigrants and Minorities. London (erscheint 3x im Jahr)
-Inchiesta
-Informationsdienst zur Ausländerarbeit
-International Migration
-International Migration Review. Center for migration studies(Hg.), New York.
-La Critica Sociologica
-Migrants-Formations
-MIGRATION. A European Journal of International Migration and Ethnic Relations. Berliner Institut für Vergleichende Sozialforschung. Berlin.
-Migrations Société
-Mondes en Développement
-Mouvements
-Pop Sahel
-Population
-Presence Africaine (Paris)
-Querbrief. Weltfriedensdienst e.V. (Hg.)
-Religioni e Società
-Revue Européenne des Migrations Internationales (REMI)
-Revue Française des Affaires Sociales
-Sociologica e Ricerca Sociale
-Sooninkara
-Studi Emigrazione
-Studi di Sociologia
-The Annals of American Academy of Political and Social Science
-The Journal of Negro-History. Published Quarterly by the Association of the Study of Negro Life and History Inc. Washington D.C./ New York [Histor. Sem.: per 400 jnh]
-Zeitschrift für Ausländerrecht und Ausländerpolitik
-Zeitschrift für Kulturaustausch

In Deutschland erscheinende "Afrikanische Zeitschriften" (unvollständige Auswahl.)

Afrika Positive
AID, Ausländer in Deutschland: zu Afrika: Heft 2/1998
Béto-unabhängiges afrikanisches Magazin für Kulturdialog (vierteljährlich)
Hue-The Multicoloured Magazine
Selam Eritrea. Nachrichten-und Kulturmagazin zu Eritrea.
The African Courier (TAC)

Register
Index
index

1. Herkunftsländer von Migranten/ Countries of Origin/ pays d'origine[1]

a) Afrika allgemein / Africa/ Afrique[2]
b) Afrika südlich der Sahara allgemein/Africa South of the Sahara/ Afrique au-dessous du Sahara
c) Staaten südlich der Sahara/ States South of the Sahara/ états au-dessous du Sahara
d) Nordafrika allgemein/ Northern Africa/ Afrique du nord
e) Staaten in Nordafrika /States in Northern Africa/ états en Afrique du nord
f) Inseln/ Islands/ îles

2. Migrationsländer in Europa/ Receiving countries in Europe/ Pays d'accueil en Europe

a) Europa allgemein/ Europe/ Europe
b) Belgien/ Belgium/ Belgique
c) Deutschland[3]/ Germany/ Allemagne
d) Frankreich/ France/ France
e) Griechenland/ Greece/ Grèce
f) Großbritannien/ Great Britain/ Grande Bretagne
g) Niederlande / Netherlands/ Pays-Bas
h) Italien/ Italy/ Italie
i) Österreich/ Austria/ Autriche
j) Portugal/ Portugal/ Portugal/
k) Rußland/ Russia/ Russie
l) Schweden/ Sweden/ Suède
m) Schweiz/ Switzerland/ Suisse
n) Spanien/ Spain/ Espagne

3. Historische Perioden/ Historical periods/ époques historiques

a) Gesamtentwicklung/ General Overview/ développement général
b) Altertum und Mittelalter/ Antiquity and Middle Age/ Antiquité et moyen age
c) 1450-1800
d) 1800-1950
e) 1950-2000

---

[1] Der Leser wird gebeten, nach dem deutschen Stichwort im Register zu suchen, da dieses aus technischen Gründen den Herausgebern am einfachsten erschien.
The reader is kindly asked to look after the German term in the register for technical reason.
Le lecteur est prié de chercher le mot de clé en allemand, parce que pour des raisons techniques il était plus facile de renoncer à une double quotation.

[2] Bei den Herkunftsländern von Migranten wurde streng geographisch nach den gegenwärtig geltenden Staatsgrenzen der afrikanischen Länder vorgegangen, so daß Ethnien nicht gesondert, sondern unter dem Namen des Landes, welchem sie geographisch zuzuordnen sind, auftauchen.
The classification of countries of origin was strictly geographical, so that tribal groups appear under the name of the country their territory is suited.
La classification des pays d'origin était effectuée auxprès les limites actuels des pays africains. Donc les ethnies sont classifiées auxprès les pays dont leur territoire fait partie.

[3] Der Einfachheit halber wurde darauf verzichtet, zwischen DDR und BRD sowie zwischen der in früheren historischen Perioden gebräuchlichen Landesbezeichnung zu differenzieren.
To make easier classification, there is no differentiation between the two former States of Germany nor other historical names.
Pour faciliter la classification il n'y a pas de differenciation entre les deux états allemands ni des autres dénominations historiques.

4. Ausgewählte inhaltliche Aspekte/ Systematical Categories/ aspects thématiques

a) Flucht und Vertreibung/ escape and expulsion/ fuite et expulsion
b) Arbeitsmigration/ migration of work/ migration de travail
c) Ausbildung und Studium/ training and studies /études et formation professionnelle
d) Remigration/ Remigration/ rémigration
e) Frauen / Women/ femmes
f) Darstellung von Afrikanern in Kunst, Literatur und Wissenschaft/ Image of Africans in Fine Arts, Literature and Science/ image des africains dans les beaux-arts, la littérature et les sciences
g) Religion/ Religion/ réligion
h) Biographische Materialien/ Biographies/ biographies
i) Kunst, Literatur und Musik von Afrikanern in Europa/ African Fine Arts and Literature in Europe/ Arts africains et littérature en Europe

1. Herkunftsländer von Migranten/ Countries of Origin/ pays d'origine

a) **Afrika allgemein:** 3, 8-10, 12-15, 17, 19, 20, 27, 28, 34, 40, 43, 49, 53, 55, 57, 58, 60, 63, 64, 67, 70-72, 76-80, 85, 86, 97, 103-105, 108-111, 113, 116-119, 122, 127, 128, 132, 134-137, 139-141, 146, 147, 149, 152, 171, 176, 178, 196, 200-206, 217, 225, 246, 262, 264-266, 268, 271, 273, 275, 279, 285, 286, 288, 290-292, 296-300, 302, 305, 311, 314, 317, 325, 332, 333, 339, 342-344, 346-348, 351, 355, 356, 359, 360-365, 370, 371, 373, 375, 376, 389, 391, 393, 396, 400-403, 406-409, 411, 412, 431, 432, 434, 436, 437, 439, 441, 442, 446, 449, 450, 451, 453-464, 469, 473, 475, 476, 478, 479, 481, 488, 489, 491-493, 503, 505, 509-513, 519, 521, 529-532, 534-536, 538, 540, 542, 544, 546-548, 552, 554, 558, 561, 576, 578, 579, 582, 585-587, 589, 594, 595, 597, 598, 600, 601, 603, 605, 616, 619, 621, 631, 634, 637, 639, 643, 646, 649-655, 657, 665, 668, 671-676, 682, 685, 689, 694, 695, 697, 701, 702, 706, 707, 712-714, 717, 718, 720, 722-724, 726-732, 736-738, 745, 750, 753-760, 762, 765-768, 771, 772, 774, 775, 777, 781, 783, 784, 787, 789, 790, 792, 794, 796, 801, 802, 805, 809, 813, 815, 818, 822, 823, 825, 836, 840, 841, 843-847, 850, 852-855, 858, 861, 863, 864, 870, 873, 878-880, 883, 885-887, 889-892, 894, 899-902, 906, 910, 915, 917-919, 923-927, 931-933, 935, 936, 940, 942, 943, 945, 947, 948, 954-956, 958, 960, 961, 965-969, 971, 974-977, 982, 983, 987, 998, 1009, 1011, 1013, 1018, 1021-1024, 1032, 1039, 1041, 1044-1046, 1050, 1055-1057, 1059-1062, 1065, 1067, 1069, 1075, 1076, 1099-1101, 1104, 1106-1111, 1113, 1118-1120, 1123, 1126, 1134, 1138, 1146-1148, 1151-1153, 1157-1161, 1163, 1172, 1178, 1180, 1190, 1193, 1195-1198, 1204, 1209, 1215, 1218, 1219, 1220, 1223, 1226, 1229, 1240-1245, 1250, 1254, 1255, 1258, 1267, 1268, 1282, 1284, 1285, 1292, 1300, 1301, 1309, 1310, 1317, 1321, 1323, 1326-1328, 1330, 1338-1340, 1343, 1345, 1350, 1360, 1365-1367, 1371, 1373, 1374, 1378, 1379, 1381-1387, 1390, 1392, 1398, 1401, 1403, 1411, 1413, 1414, 1423, 1430, 1431, 1438, 1446, 1450, 1459, 1464, 1469, 1470, 1472, 1474, 1488, 1498-1500, 1505, 1507, 1511-1513, 1516, 1517, 1519, 1520, 1535, 1543, 1548, 1549, 1552, 1553, 1555, 1557, 1561, 1569, 1570, 1579, 1580, 1587-1593, 1599, 1602, 1603, 1609, 1610, 1617, 1619, 1622-1624, 1626, 1627, 1628, 1630, 1636-1642, 1648-1650, 1655, 1656, 1668, 1670-1677, 1679, 1680, 1686, 1694, 1699, 1700, 1704, 1707, 1709, 1712, 1719, 1722, 1723, 1732, 1735

b) **Afrika südlich der Sahara allgemein:** 16, 140, 322, 336, 337, 373, 561, 703, 941, 989, 990, 1080, 1081, 1194, 1222, 1248, 1336, 1433, 1434, 1502, 1702

c) Staaten südlich der Sahara:
Angola: 904,
Äthiopien: 417, 799, 834, 1002, 1005, 1214, 1298, 1486, 1534, 1537, 1540, 1546, 1733, 1734
Botswana: 1299
Burkina Faso: 1481
Elfenbeinküste: 1658
Eritrea: 177, 417, 447, 740, 746, 1014, 1214, 1468, 1485, 1545
Gabun: 42
Gambia: 562, 1071
Ghana: 54, 62, 83, 84, 194, 198, 224, 256-261, 394, 517, 656, 660, 666, 855, 872, 874, 875, 981, 991, 1042, 1048, 1049, 1225, 1228, 1233, 1291, 1304, 1402, 1406, 1437, 1508, 1515, 1559, 1604, 1635, 1705, 1708
Guinea: 1071, 1182, 1306, 1353, 1467, 1736
Kamerun: 684
Kenia: 979
Kongo[4]: 708, 836
Lesotho: 1232
Liberia: 620
Mali: 138, 395, 427, 429, 430, 467, 497, 910, 912, 1092-1096, 1221, 1281, 1355, 1359, 1605-1607
Mosambik: 560, 837, 850, 904, 1191, 1251, 1482, 1711, 1737
Namibia: 73, 156, 452, 499, 575, 922, 1036, 1038, 1342, 1582
Nigeria: 18, 68, 704, 832, 938, 939, 1221, 1518
Senegal: 114, 115, 212, 254, 306-309, 366, 367, 369, 380, 381, 467, 471, 480, 497, 507, 515, 555, 559, 572-574, 599, 692, 693, 828, 908, 930, 995, 996, 1028, 1063, 1092, 1103, 1442, 1444, 1145, 1206, 1208, 1221, 1256, 1257, 1293, 1297, 1311, 1312, 1357, 1358, 1393, 1394, 1399, 1400, 1444, 1475, 1476-1481, 1494, 1576, 1608, 1612-1614, 1616, 1631, 1687, 1688, 1731
Senegambia: 912, 913
Sierra Leone: 622, 625, 626
Somalia: 45, 563, 564, 628, 827, 899, 1214, 1295, 1489, 1565
Südafrika (Rep.) : 1037, 1490, 1504, 1634
Uganda: 894, 898, 973, 1084, 1085, 1117, 1724
Zimbabwe: 859, 1082

d) Nordafrika allgemein: 51, 155, 319, 392, 749, 761, 1136, 1137, 1313, 1666

e) Staaten in Nordafrika:
Algerien: 100-102, 162-164, 166, 192, 239, 242, 315, 330, 374, 388, 566-568, 667, 815, 929, 972, 992, 1017, 1020, 1034, 1128, 1165, 1169, 1235, 1391, 1410, 1420, 1460, 1461, 1487, 1615, 1659, 1684, 1726, 1727

Marokko: 35-38, 159, 165, 179, 180, 182-185, 211, 220, 226, 272, 287,

---

[4] Auch hier wurde darauf verzichtet, zwischen den beiden Republiken zu unterscheiden.
No difference was made between the two republics
Il n'y pas de differenciation entre les deux républics du Congo

295, 315, 327-329, 419, 642, 647, 735, 795, 831, 895, 896, 928, 1003, 1058, 1090, 1127, 1142, 1143, 1150, 1154, 1182, 1235, 1266, 1329, 1334, 1335, 1352, 1400, 1409, 1427, 1551, 1669, 1682, 1689, 1690, 1728

Mauretanien: 471, 995, 1358, 1660

Sudan: 41, 1214, 1483, 1164

Tunesien: 2, 44, 92, 120, 121, 161, 227-230, 233, 234, 241, 243, 315, 368, 470, 833, 1078, 1086, 1090, 1141, 1235, 1239, 1269, 1314, 1395, 1400, 1457, 1566-1568, 1583, 1584

f) Inseln:
Kap Verde: 75, 142, 301, 304, 377, 378, 606, 607, 904, 905, 1052, 1156, 1443
Madeira: 142
Madagaskar: 748
Porto Santo: 142
Sansibar: 1425

2. Migrationsländer in Europa

a) Europa allgemein: 68, 116, 147, 153, 231, 344, 383-385, 392, 439, 477, 479, 536, 548, 553, 592, 609, 647, 648, 655, 687, 728, 731, 753, 757, 758, 778, 785, 795, 813, 958, 986, 1006, 1007, 1017, 1059, 1098, 1099, 1167, 1175, 1184, 1209, 1218, 1224, 1247, 1264, 1266, 1278-1280, 1286, 1290, 1316, 1325, 1385, 1403, 1415, 1440, 1499, 1527-1530, 1534, 1569, 1573, 1588, 1637, 1638, 1640, 1647, 1653, 1686, 1700, 1701, 1720, 1732, 1733

b) Belgien: 144, 159, 287, 424, 642, 926, 1728, 1730

c) Deutschland: 3, 8, 9, 21, 28, 43, 45, 53, 60, 64, 71, 72, 74, 83, 84, 90, 103-105, 113, 119, 152, 176, 179, 208, 209, 223, 251, 255, 273, 290, 291, 336-338, 347, 364, 403, 417, 420, 452-454, 463, 486, 490, 499, 534-536, 540, 541, 543, 544, 545, 551, 583-591, 602, 616, 628, 646, 660, 662, 664, 665, 668, 684, 688, 710-712, 714, 715, 717, 718, 723, 737, 740, 741, 744, 745, 763, 769, 770, 773, 776, 777, 783, 784, 786, 787, 789, 793, 796, 811, 812, 820, 821, 829- 833, 837, 840, 844, 845, 855, 878, 879, 904, 905, 907, 916- 919, 922, 927, 928, 937, 942, 946, 953-955, 959, 962, 970, 971, 974, 982, 1009, 1016, 1022, 1032, 1034, 1035, 1046, 1048-1050, 1054, 1055, 1059, 1061, 1079, 1080, 1103, 1119, 1120, 1129, 1137, 1140, 1154, 1161, 1164, 1180, 1190, 1194, 1203, 1210, 1211, 1215, 1216, 1219, 1225, 1227, 1232, 1242- 1245, 1247, 1251, 1259, 1260, 1263, 1275, 1276, 1292, 1314, 1329, 1331, 1333, 1334, 1340, 1343, 1363, 1374, 1391, 1392, 1402, 1411, 1417, 1433, 1434, 1454, 1455, 1464, 1468-1470, 1471, 1472, 1474-1486, 1489, 1491, 1492, 1503, 1526, 1540, 1570, 1586, 1590, 1595, 1599, 1619, 1623, 1627, 1628, 1632, 1682, 1684, 1692, 1694, 1701, 1704, 1709, 1710, 1714, 1718, 1734

d) Frankreich: 2, 4, 52, 55, 67, 79, 101, 106, 125, 133-135, 139-141, 160, 162, 166, 169, 170, 172, 173, 192, 208, 227, 237, 243, 264, 312, 314, 316, 321, 330, 341, 366-369, 373, 382, 388, 389, 391, 395, 398, 399, 410, 413, 416, 427-431, 444, 445, 448, 449, 457, 458, 460, 461, 462, 464, 467, 469, 474-476, 480-482, 489, 497, 507, 514, 550, 554, 561, 565, 570, 572, 610, 615, 617, 619, 633, 634, 637, 667, 679, 689, 700, 713, 719, 720, 725, 749, 751, 752, 761, 764, 771, 772, 804, 815, 816, 826, 838, 847, 867, 870, 911, 918-920, 930, 941, 952, 953, 962, 973, 988, 990, 993-995, 1009, 1012, 1019-1021, 1024, 1031, 1034, 1067, 1087-1089, 1092, 1093, 1097, 1106-1111, 1128, 1132, 1135, 1139, 1141-1143, 1148, 1155, 1165, 1166, 1168-1170, 1173, 1185, 1186, 1198, 1200, 1208, 1217,

1222, 1235, 1240, 1256, 1257, 1272, 1281, 1290, 1330, 1339, 1355, 1359-1361, 1395, 1397, 1414, 1435, 1444, 1447, 1448, 1450, 1456, 1457, 1460, 1461, 1487, 1502, 1524, 1526, 1544, 1566, 1567, 1572, 1575, 1579, 1580, 1583-1585, 1599, 1607, 1611, 1612, 1618-1620, 1631, 1650, 1659, 1660, 1661, 1684, 1685, 1715, 1726, 1727

e) **Griechenland:** 1387, 1735

f) **Großbritannien:** 6, 19, 20, 76, 80, 117, 122, 128, 149, 174, 187-190, 208, 223, 244, 249, 268, 270, 300, 356, 361, 405, 434, 436, 437, 451, 473, 494, 503, 516, 519, 521, 523, 530, 538, 563, 564, 571, 602, 615, 620, 621, 625, 626, 639, 650, 651, 654, 655, 656, 657, 658, 669-673, 680, 694, 697-699, 702, 706-708, 724, 736, 739, 748, 750, 766, 768, 779, 790, 794, 805-807, 814, 827, 861, 862, 864, 871, 872, 875, 876, 888-890, 898, 899, 902, 915, 917, 921, 923-925, 935, 938, 941, 973, 978, 983, 999, 1000, 1002, 1013, 1036, 1037, 1039, 1043, 1045, 1056, 1057, 1060, 1062, 1064, 1065, 1070, 1075, 1091, 1100, 1117, 1134, 1146, 1151, 1162, 1163, 1171, 1189, 1195-1197, 1201, 1202, 1204, 1217, 1220, 1253, 1262, 1268, 1274, 1282-1285, 1299-1303, 1317, 1337, 1365, 1368, 1371, 1381-1384, 1388, 1389, 1401, 1412, 1413, 1430-1432, 1446, 1453, 1498, 1509, 1514-1520, 1536, 1552, 1565, 1609, 1622, 1643, 1670-1677, 1679, 1693-1698, 1703, 1704, 1706, 1709, 1712, 1722, 1723, 1725

g) **Niederlande:** 58, 266, 728, 729, 731, 732, 893, 894, 967, 1044, 1129, 1307, 1429, 1469, 1606, 1625, 1635, 1638

h) **Italien:** 34, 57, 96, 143, 145, 167, 196, 197, 283-285, 288, 289, 293-295, 297, 298, 307-309, 313, 317, 318, 335, 346, 353, 359, 360, 370, 447, 470, 555, 604, 608, 663, 848, 930, 950, 1004, 1005, 1047, 1066, 1069, 1074, 1124, 1145, 1158-1160, 1174, 1212, 1261, 1270, 1273, 1280, 1293, 1308, 1310-1312, 1332, 1364, 1369, 1386, 1387, 1475-1481, 1493-1497, 1521, 1544, 1571, 1610, 1616, 1646

i) **Österreich:** 511-513, 705, 722, 811, 1458, 1488, 1652

j) **Portugal:** 50, 301, 304, 379, 380, 509, 547, 606, 675, 1052, 1071, 1072, 1126, 1156, 1226, 1307, 1321, 1322, 1324, 1327, 1328, 1377, 1443, 1459, 1500, 1547

k) **Rußland:** 206, 1473

l) **Schweden** 45, 402, 742

m) **Schweiz:** 146, 441, 734, 811, 847, 1550, 1556, 1665,

n) **Spanien:** 86, 87, 276, 302, 332, 333, 342, 355, 363, 393, 485, 562, 611-614, 630, 631, 676-678, 846, 851-854, 912, 913, 990, 1053, 1058, 1083, 1115, 1118, 1121-1123, 1182, 1183, 1193, 1306, 1323, 1345, 1350, 1352, 1353, 1366, 1387, 1407, 1409, 1428, 1429, 1507, 1532, 1542-1544, 1560, 1561, 1655, 1656

3. Historische Perioden

a) Gesamtentwicklung: 118, 162, 432, 571, 621, 725, 736, 887, 1094, 1095, 1519, 1520, 1654

b) Altertum und Mittelalter: 247, 271, 325, 506, 601, 781, 788, 986, 1005, 1113, 1152, 1261, 1309, 1315, 1323, 1465, 1534, 1537-1539, 1637-1641, 1648-1653, 1681

c) 1450-1800: 74, 142, 200, 256-259, 299, 303, 348, 407, 494, 529-531, 575-577, 579, 582, 585-591, 611-614, 701, 745, 762, 768, 849, 873, 942, 943, 953, 960, 990, 997, 1036, 1040, 1048, 1050, 1057, 1077, 1134, 1139, 1215, 1241, 1261, 1264, 1319-1321, 1324, 1337, 1338, 1341, 1370, 1377, 1418, 1438, 1451, 1453, 1459, 1464, 1517, 1558, 1603, 1642, 1663, 1671, 1672, 1683, 1693, 1722

d) 1800-1950: 1, 19, 20, 40, 54, 72, 73, 90, 92, 93, 95, 98, 104, 107, 156, 171, 225, 267, 291, 292, 305, 331, 402, 404, 406, 440, 446, 456, 458, 472, 485, 500, 503, 515, 517, 577, 605, 620, 625, 626, 643, 668, 682, 707, 708, 710, 711, 737, 744, 748, 763, 774, 780, 782, 783, 789, 797, 806-808, 811, 812, 858, 868, 869, 873-877, 883, 885, 886, 927, 933, 934, 937, 940, 945, 946, 948, 983, 1016, 1035, 1042, 1043, 1046, 1056, 1060, 1063, 1064, 1068, 1093, 1096, 1120, 1125, 1129, 1134, 1161, 1163, 1172, 1180, 1192, 1196, 1197, 1202, 1203, 1210, 1238, 1243, 1255, 1268, 1333, 1336, 1375, 1388, 1416, 1421, 1423, 1432, 1466, 1488, 1501, 1514, 1515, 1541, 1550, 1557, 1591, 1592, 1634, 1663, 1664, 1672, 1674, 1694, 1695, 1709, 1713, 1714

e) 1950-2000: 2-6, 8, 9, 12-17, 24-38, 41, 42, 44-53, 55-58, 60-64, 66-68, 70, 75, 79-89, 94, 96, 97, 100-102, 105, 106, 109-117, 119-122, 124-141, 143-147, 149, 153-155, 159-161, 163-170, 172-186, 191, 192, 194-199, 202-204, 207-210, 212-217, 219, 220, 224, 226-239, 241-246, 248-250, 252-255, 263-265, 268, 270, 272, 273, 275-277, 282-290, 293-298, 301-323, 326-330, 332-347, 349-351, 353-357, 359-361, 363-389, 391-393, 395, 396, 399-401, 403, 410, 412, 416, 417, 419, 420, 422-431, 433-437, 443-445, 447-455, 457, 461-471, 473-483, 486, 488-493, 495, 497-499, 505, 507, 509, 512-514, 516, 532-538, 540, 541, 543-548, 550-570, 572-574, 592, 593, 595-597, 599, 600, 602, 604-610, 615-619, 627-642, 644-681, 684, 686-697, 699, 700, 703, 712-715, 717-721, 723, 725-735, 739-743, 746, 747, 749-751, 754, 757-759, 764, 766, 767, 769-773, 775-779, 784, 785, 787, 788, 790, 791, 793-796, 798, 800-802, 804, 805, 813-816, 820, 821, 823-827, 829-833, 835, 837, 838, 840-848, 850-857, 859-867, 870-872, 878-880, 888-896, 898-900, 902-913, 915-926, 928-932, 936, 941, 944, 950-952, 954-956, 958, 959, 961-969, 971-982, 984, 985, 987-89, 991-996, 998-1003, 1006-1008, 1010, 1011, 1013-1015, 1017, 1019-1025, 1027-1031, 1037, 1049, 1051-1055, 1058, 1061, 1065, 1070-1078, 1080-1092, 1097, 1098, 1100-1102, 1104, 1106-1112, 1115-1118, 1121-1124, 1126-1128, 1130-1133, 1136, 1137, 1140-1146, 1150, 1151, 1154-1160, 1162, 1164-1166, 1168-1171, 1173-1175, 1177-1179, 1181-1186, 1188, 1190, 1191, 1193-1195, 1198-1201, 1204-1209, 1212, 1214, 1216-1220, 1222-1232, 1234-1237, 1239, 1240, 1242, 1244-1246, 1248, 1249, 1251-1260, 1263, 1265-1267, 1269-1285, 1290, 1292-1294, 1296, 1297, 1299, 1300, 1302-1305, 1307, 1308, 1310-1314, 1317, 1318, 1325, 1327, 1329-1335, 1339, 1340, 1342, 1343, 1345-1347, 1350, 1352-1369, 1371, 1372, 1374, 1376, 1378-1387, 1390-1392, 1395, 1397-1399, 1400-1402, 1404, 1405, 1407-1410, 1412-1415, 1420, 1422, 1426-1431, 1433-1435, 1440, 1442-1450, 1454-1458, 1460, 1461, 1468-1470, 1472, 1474-1487, 1489-1497, 1502-1504, 1506, 1507, 1510, 1521, 1523-1533, 1535, 1536, 1540, 1542-1549, 1551-1553, 1555, 1560-1563, 1565-1574, 1576, 1577-1590, 1593-1597, 1599, 1604-1633, 1635, 1636, 1644-1647, 1655-1661, 1665, 1666, 1668-1670, 1675-1677, 1679, 1680, 1682, 1684-1691, 1698-1707, 1710-1712, 1715-18, 1720, 1721, 1723, 1725-1728, 1730-35, 1737

4.) Ausgewählte inhaltliche Aspekte

a) **Flucht und Vertreibung:** 12-14, 27, 45, 49, 91, 265, 275, 277, 344, 375, 384, 385, 396, 450, 465, 473, 488, 534, 548, 600, 661-663, 696, 741, 742, 749, 873, 916, 917, 932, 933, 955, 956, 1084, 1085, 1136, 1137, 1164, 1214, 1216, 1231, 1313, 1390, 1405, 1483, 1484, 1486, 1489, 1504, 1627, 1628, 1644, 1666, 1686, 1701, 1710

b) **Arbeitsmigration:** 24, 25, 30, 38, 47, 48, 57, 88, 96, 118, 134, 170, 172, 184, 209, 210, 215, 217, 231, 233, 238, 243, 272, 278, 283, 293, 295, 311, 322, 363, 365, 374, 389, 398, 399, 419, 469, 497, 514, 540, 618, 619, 677, 678, 700, 734, 767, 785, 793, 797, 837, 956, 989, 993, 1007, 1015, 1089, 1090, 1150, 1169, 1170, 1191, 1198, 1220, 1231, 1239, 1251, 1269, 1307, 1312, 1314, 1317, 1318, 1359, 1365, 1366, 1391, 1404, 1414, 1444, 1446, 1457, 1478, 1503, 1525, 1526, 1551, 1561, 1566-1568, 1578, 1599, 1622, 1646, 1659, 1669, 1715, 1716, 1723, 1726

c) **Ausbildung und Studium:** 3, 8, 9, 19, 225, 255, 273, 300, 343, 420, 460, 625, 628, 663, 665, 684, 694, 699, 717, 718, 720, 750, 770, 776, 837, 898, 941, 947, 982, 1061, 1080, 1081, 1208, 1232, 1268, 1340, 1454, 1466, 1482, 1483, 1506, 1597, 1610, 1691, 1702, 1708

d) **Remigration:** 22, 41, 46, 49, 163, 164, 168, 239, 273, 278, 396, 537, 636, 767, 841, 859, 879, 893, 895, 896, 962, 1015, 1020, 1082, 1097, 1103, 1128, 1191, 1257, 1342, 1367, 1405, 1420, 1422, 1490, 1553, 1582, 1669, 1710, 1711

e) **Frauen:** 56, 69, 89, 141, 173, 188-190, 212, 288, 397, 440, 441, 465, 489, 561, 564, 565, 573, 616, 740, 787, 796, 798, 820, 844-846, 887, 949, 969, 979, 1012, 1027, 1055, 1125, 1177, 1222, 1244, 1245, 1252, 1260, 1318, 1329, 1330, 1344, 1363, 1372, 1409, 1425, 1426, 1484, 1523, 1565, 1587, 1639, 1689, 1725

f) **Darstellung von Afrikanern in Kunst, Literatur und Wissenschaft:** 251, 252, 325, 372, 411, 412, 418, 421, 438, 442, 575, 579, 581, 582, 584, 591, 601, 668, 685, 702, 737, 760, 781, 809, 843, 869, 945, 946, 997, 1036, 1038-1040, 1054, 1113, 1119, 1125, 1152, 1161, 1163, 1192, 1209, 1238, 1309, 1334, 1411, 1424, 1433, 1434, 1436, 1451, 1488, 1538, 1550, 1557, 1591, 1592, 1634

g) **Religion:** 5, 6, 26, 31, 33, 73, 81, 97, 149, 153, 221, 224, 238, 247, 306, 324, 340, 345, 424, 475, 476, 480, 482, 536, 578, 638, 648, 650-658, 666, 681, 683, 703, 721, 726-731, 786, 799, 802, 803, 814, 855, 856, 868, 871, 872, 881, 892, 902, 924, 925, 938, 939, 965-968, 1022, 1062, 1075, 1151, 1224, 1254, 1258, 1263, 1302, 1441, 1474, 1475, 1478, 1501, 1564, 1588, 1604, 1635, 1662, 1663, 1670, 1675, 1677, 1703, 1704, 1706, 1707, 1716

h) **Biographische Materialien:** 7, 11, 18, 65, 69, 82, 90, 95, 107, 108, 144, 148, 157, 177, 198, 219, 221, 256-261, 274, 358, 390, 394, 405, 433, 440, 504, 508, 518-520, 524-528, 549, 588, 590, 623, 624, 683, 704, 705, 710, 711, 716, 828, 868, 881, 882, 884, 909, 938, 939, 949, 970, 979, 1012, 1033, 1042, 1048, 1068, 1129, 1140, 1149, 1187, 1189, 1228, 1291, 1294, 1295, 1298, 1319, 1344, 1419, 1425, 1437, 1442, 1452, 1462, 1467, 1473, 1508, 1515, 1548, 1559, 1601, 1631, 1643, 1664, 1705, 1708, 1724

i) **Kunst, Literatur und Musik von Afrikanern in Europa:** 250, 280, 415, 422, 490, 492, 495, 518, 521, 522, 523, 526, 640, 672, 673, 709, 716, 749, 751, 835, 840, 860, 964, 969, 974, 975, 1203, 1249, 1253, 1284, 1285, 1338, 1453, 1522, 1549, 1624, 1658, 1693, 1694, 1722

Interethnische Beziehungen und Kulturwandel
Ethnologische Beiträge zu soziokultureller Dynamik
herausgegeben von Prof. Dr. Jürgen Jensen
(Universität Hamburg)

Jens Schneider
Newen Domo – "Die Kraft der Frauen"
Frauen in der Mapuchebewegung in Chile
Bd. 2, 1993, 152 S., 17,90 €, br., ISBN 3-89473-644-5

Tilman Grottian
Systemtheoretische Ansätze bei Max Gluckman
Bd. 3, 1994, 168 S., 17,90 €, br., ISBN 3-89473-645-3

Richard-Michael Diedrich
The Dragon Has Many Faces
Conceptualizations of Rural Communities in North Wales and the Development of "Anthropology at Home" in Britain
Bd. 4, 1993, 184 S., 17,90 €, br., ISBN 3-89473-646-1

Kerstin Römhildt
Nationalismus und ethnische Identität im "spanischen" Baskenland
Bd. 5, 1994, 128 S., 15,90 €, br., ISBN 3-89473-647-x

Silke Kienecker
Interethnische Ehen. Deutsche Frauen mit ausländischen Partnern
Bd. 6, 1993, 144 S., 15,90 €, br., ISBN 3-89473-648-8

Ulrich Schulz-Burgdorf
Aspekte der Swahili Volksmedizin im Lamu-Archipel Kenyas
Bd. 7, 1994, 128 S., 17,90 €, br., ISBN 3-89473-649-6

Brigitta Schmidt-Lauber
Die abhängigen Herren: Deutsche Identität in Namibia
Bd. 9, 1995, 184 S., 15,90 €, br., ISBN 3-89473-651-8

Bärbel Reuter
ᶜĀšūrāʾ-Feiern im Libanon
Zum politischen Potential eines religiösen Festes
Bd. 10, 1993, 152 S., 17,90 €, br., ISBN 3-89473-652-6

Annette Englert
Die Liebe kommt mit der Zeit
Interkulturelles Zusammenleben am Beispiel deutsch-ghanaischer Ehen in der BRD
Bd. 11, 1995, 176 S., 17,90 €, br., ISBN 3-89473-909-6

Michael Rudolph
Die Prostitution der Frauen der taiwanischen Bergminderheiten
Historische, sozio-kulturelle und kulturpsychologische Hintergründe
Bd. 12, 1993, 200 S., 19,90 €, br., ISBN 3-89473-731-x

Marion Neumann
Tamilische Flüchtlingsfrauen
Die spezielle Problematik von Frauen in der Migration
Bd. 13, 1994, 200 S., 19,90 €, br., ISBN 3-89473-759-x

Kathrin Wildner
New York City – Kulturelle Identitäten in einer westlichen Metropole
Bd. 14, 1994, 144 S., 15,90 €, br., ISBN 3-89473-861-8

Abbas Koushk Jalali
Verwandtschaftliche Interaktionen bei persischen Flüchtlingen
Bd. 16, 1994, 274 S., 15,90 €, br., ISBN 3-8258-2045-9

Nikolaus Schareika
Die soziale Bedeutung der Rinder bei den Fulbe (Benin)
Bd. 17, 1995, 216 S., 19,90 €, br., ISBN 3-8258-2335-0

Inken Bruns
Von der Feindschaft zur Kooperation
Die Deutsche Minderheit eines dänischen Dorfes 1920–1990 in ihren interethnischen Beziehungen
Bd. 18, 1995, 120 S., 17,90 €, br., ISBN 3-8258-2076-9

Saskia Wilhelms
Haitian and Dominican Sugarcane Workers in Dominican *Bateyes*
Patterns and Effects of Prejudice, Stereotypes, and Discrimination
Bd. 19, 1994, 141 S., 17,90 €, br., ISBN 3-8258-2196-x

Helga Hannken
Migrationsbewegungen in einem altkastilischen Dorf
Bd. 20, 1994, 160 S., 17,90 €, br., ISBN 3-8258-2072-6

Manuela Blauw
Der Kulturwandel auf Teneriffa 1940–1990
Bd. 21, 1994, 112 S., 15,90 €, br., ISBN 3-8258-2308-3

Joana Breidenbach
Deutsche und Dingwelt
Die Kommodifizierung nationaler Eigenschaften und die Nationalisierung deutscher Kultur
Bd. 22, 1995, 312 S., 24,90 €, br., ISBN 3-8258-2371-7

LIT Verlag Münster – Hamburg – Berlin – London
Grevener Str. 179 48159 Münster
Tel.: 0251 – 23 50 91 – Fax: 0251 – 23 19 72
e-Mail: vertrieb@lit-verlag.de – http://www.lit-verlag.de
Preise: unv. PE

Hatice Yurtdas
Pionierinnen der Arbeitsmigration in Deutschland
Lebensgeschichtliche Analysen von Frauen aus Ost-Anatolien
Bd. 23, 1997, 208 S., 15,90 €, br., ISBN 3-8258-2925-1

Martina Prochnow
Entwicklungsethnologie: Ansätze und Probleme einer Verknüpfung von Ethnologie und Entwicklungshilfe
Zur Diskussion in der deutschsprachigen Ethnologie
Bd. 24, 1996, 112 S., 15,90 €, br., ISBN 3-8258-2927-8

Claudia Chávez de Lederbogen
Afro-Peru
Eine Analyse von Forschungsergebnissen
Bd. 25, 1997, 232 S., 19,90 €, br., ISBN 3-8258-3059-4

Sabine Schupp
Die Ethnologie und ihr koloniales Erbe
Ältere und neuere Debatten um die Entkolonialisierung einer Wissenschaft
Bd. 26, 1997, 168 S., 17,90 €, br., ISBN 3-8258-3217-1

Guido Sprenger
Erotik und Kultur in Melanesien
Eine kritische Analyse von Malinowskis "The Sexual Life of Savages"
Bd. 27, 1997, 160 S., 20,90 €, br., ISBN 3-8258-3326-7

Maximilian Martin
Operation Cooperation
Discourses on Joint Ventures and Development
Bd. 28, 1997, 240 S., 17,90 €, br., ISBN 3-8258-3239-2

Julia Crause
Kapverdische und guineische Migranten in Lissabon
Eine Untersuchung über die Konstruktion von sozialer Distanz und Ausgrenzung von Migranten
Bd. 29, 1998, 112 S., 10,90 €, br., ISBN 3-8258-3548-0

Bettina Beer
Post von den Philippinen
Ethnologische Forschung durch Briefe
Bd. 30, 1998, 192 S., 19,90 €, br., ISBN 3-8258-3685-1

Karin Berger
Der Gahu
Ein Beispiel für die Übertragung westafrikanischer Tänze und Rhythmen nach Deutschland
Bd. 31, 1998, 144 S., 15,90 €, br., ISBN 3-8258-3813-7

Hauke Dorsch
Afrikanische Diaspora und Black Atlantic
Einführung in Geschichte und aktuelle Diskussion
Essentielle Identitätskonstruktionen scheinen sich als das Andere der Postmoderne zu verfestigen. Ein Beispiel ist der Afrozentrismus, der durch Hip Hop und akademische Diskurse schwarzes Selbstverständnis auch außerhalb der USA prägt. Schwarze britische Autoren aus dem Umfeld der Cultural Studies setzen den Begriff der afrikanischen Diaspora dagegen, den sie mit der Suche nach einer nicht-essentiellen schwarzen Identität verbinden, die sich des transatlantischen Austauschs bewußt ist, ohne einen afrikanischen Wesenskern reifizieren zu müssen.
Ausgehend von der aktuellen Diskussion des Diasporabegriffs in der Ethnologie bietet der vorliegende Band eine Arbeitsdefinition für Diaspora, anhand derer eine konzise Darstellung der historischen Entwicklung der afrikanischen Diaspora erfolgt. Dieser Überblick bildet die Grundlage für die vergleichende Betrachtung der Ansätze der schwarzen britischen Autoren Stuart Hall, Kobena Mercer und Paul Gilroy. Der 'Black Atlantic', Gilroys Konzept einer schwarzen, transatlantischen Literatur- und Musiktradition, wird umfassend dargestellt und anhand der wissenschaftlichen Rezeption kritisch beleuchtet.
Bd. 32, 2000, 240 S., 20,90 €, br., ISBN 3-8258-3929-x

Regina Böhnke
Tenerife – zwischen Autonomie und Tourismus
Eine ethnologische Untersuchung zur Konstruktion von ethnischer Identität auf einer Kanareninsel
In der vorliegenden Untersuchung werden am Beispiel der Bewohner der Kanareninsel Teneriffe Mechanismen und Prozesse aufgezeigt, die zu einer Konstruktion von ethnisch begründeter Gruppenzugehörigkeit führen.
Tenerife steht zwischen den Anforderungen einer touristischen Monokultur und den damit einhergehenden Abhängigkeiten sowohl im wirtschaftlichen wie im politischen Bereich und den Bestrebungen die Autonomie vom spanischen Nationalstaat zu erlangen.
Es wird eine historische Entwicklung des Identitätsbewußtseins unter Einbeziehung der Guanchenkultur und der vielfältigen Migrationsbewegungungen rekonstruiert.
Bd. 33, 2002, 112 S., 17,90 €, br., ISBN 3-8258-3981-8

Friederike Seithel
Von der Kolonialethnologie zur Advocacy Anthropology

LIT Verlag Münster – Hamburg – Berlin – London
Grevener Str. 179 48159 Münster
Tel.: 0251 – 23 50 91 – Fax: 0251 – 23 19 72
e-Mail: vertrieb@lit-verlag.de – http://www.lit-verlag.de
Preise: unv. PE

Zur Entwicklung einer kooperativen Forschung und Praxis von EthnologInnen und indigenen Völkern
Dieses Buch führt durch rund ein Jahrhundert angewandter und praktischer Ethnologie. Beginnend bei den Arbeiten der Kolonialethnologen bis hin zu den Debatten der postmodernen Ethnologie untersucht die Autorin den gesellschaftlichen Kontext ethnologischen Arbeitens und diskutiert die Grundlagen und Ziele reiner und praktischer Ethnologie. Dabei geht es ihr vor allem um die Beziehung zwischen Ethnologen und den von ihnen untersuchten Menschen. Schritt für Schritt wird die Entwicklung einer engagierten ethnologischen Praxis nachvollzogen, die die betroffenen Menschen an der Wissensproduktion teilhaben läßt und ethnologische Forschung mit gesellschaftlichem Handeln verbindet. Sie plädiert für eine *advocacy anthropology* als grundlegende Orientierung einer Ethnologie, die sich sowohl der wissenschaftlichen Erkenntnissuche als auch einem kritischen Humanismus verpflichtet fühlt.
"... an extraordinary piece of work. It enriches the postmodern anthropology and literary debate by offering a solution that has been ignored or badly missing." (Prof. Karl H. Schlesier, Corrales, USA)
Bd. 34, 2000, 544 S., 35,90 €, br., ISBN 3-8258-4082-4

Götz Leineweber
Physische Gewalt
Analyse einzelkultureller Handhabungen
Bd. 35, 1999, 104 S., 15,90 €, br., ISBN 3-8258-4156-1

Maike Wischmann
Angewandte Ethnologie und Unternehmen
Die praxisorientierte ethnologische Forschung zu Unternehmenskulturen
Bd. 36, 1999, 136 S., 20,90 €, br., ISBN 3-8258-4258-4

Rainer Lucht
"Wir wollen unsere Identität bewahren"
Mapucheorganisationen und ihre Positionen im heutigen Chile
Bd. 37, 1999, 352 S., 30,90 €, br., ISBN 3-8258-4297-5

Andrea Harmsen
Globalisierung und lokale Kultur
Eine ethnologische Betrachtung
Bd. 38, 1999, 128 S., 17,90 €, br., ISBN 3-8258-4320-3

Ilona Möwe
Umstrittene Grenzen
Untersuchungen über Geschlecht und sozialen Raum in einer türkischen Stadt
In den Konfrontationen von "Islam" und "Moderne" spielen die Fragen nach der Ordnung der Geschlechter und nach der Zugänglichkeit von Räumen oft eine zentrale Rolle. Die ethnologische Studie von Ilona Möwe zeigt am Beispiel einer türkischen Provinzstadt, wie in einer islamisch geprägten Gesellschaft durch die sozialen Transformationen des 20. Jahrhunderts Grenzen zwischen den Geschlechtern in Bewegung geraten sind. Sie zeigt auf, dass umstrittene Grenzen geschlechtlich markierter Zonen nicht nur die Welten von Männern und Frauen scheiden, sondern auch die Sphäre der Familie von der gefährlichen Welt unkontrollierter Männer schützen. Verhandelt wird dabei auch über unterschiedliche Auffassungen von "zivilisiertem" Verhalten.
Bd. 39, 2000, 408 S., 25,90 €, br., ISBN 3-8258-4401-3

Andrea Tauber
Armenier in Hamburg
Ethnographie einer Gemeinde in der Diaspora
Ausgelöst durch verstärkte Migrationsbewegungen werden heute Identitäts- und Migrationstheorien diskutiert. Der Begriff Diaspora gewinnt an Bedeutung. Jüdische, armenische und griechische Siedlungen sind Beispiele langbestehender Diasporagruppen, deren Untersuchung die Frage nach der Aufrechterhaltung der kulturellen Identität in der Zerstreuung erklären helfen können. In der vorliegenden ethnographischen Arbeit wird die Entstehung, Entwicklung und aktuelle Situation der armenischen Gemeinde in Hamburg dargestellt und beschrieben, wie sich Armenier abhängig von Situation und Kontext mit anderen Gemeindemitgliedern identifizieren bzw. sich voneinander abgrenzen und welche Symbole dazu dienen.
Bd. 40, Herbst 2002, ca. 128 S., ca. 15,90 €, br., ISBN 3-8258-4457-9

Kristina Kortländer
Das Land des Lächelns
Thailand als Mythos in Reisekatalogen
Wenn vom "Land des Lächelns" die Rede ist, dann ist oft Thailand gemeint, eines der Lieblingsreiseziele der Deutschen in Asien. Der Tourismuswerbung gelingt es, mit Hilfe solcher positiver Klischees von Land, Leuten und deren Kultur, Urlaubsreisen zu verkaufen. Woher stammen diese Bilder eines Landes in Reisekatalogen und wie erreichen sie ihre Wirkung?
Am Beispiel von Thailand hinterfragt die Autorin Fremdbilder, die in Reiseprospekten über Urlaubsländer konstruiert werden. Dem Leser wird dargelegt, aus welchen Gründen in unserer Gesellschaft durch die Jahrhunderte ein Exotik-Diskurs über Thailand entstanden ist, der bis heute idealisierte Vorstellungen verfestigt und gegenläufige Realitätswahrnehmungen ausklammert.
Aus ethnologischer Perspektive wird in diesem Buch in zweifacher Hinsicht Neuland betreten: Sowohl die systematische Untersuchung von fremdkulturellen Stereotypen in Reisekatalogen als auch das methodische Vorgehen, bei dem die Diskursanalyse mit einem semiotischen Ansatz

LIT Verlag Münster – Hamburg – Berlin – London
Grevener Str. 179 48159 Münster
Tel.: 0251 – 23 50 91 – Fax: 0251 – 23 19 72
e-Mail: vertrieb@lit-verlag.de – http://www.lit-verlag.de
Preise: unv. PE

zur Mythenforschung verbunden wird, sind bisher noch nicht durchgeführt worden. Durch diese Art der Untersuchung gelingt es, einen Bestandteil der Konstruktion von "Fremde" in unserer eigenen Gesellschaft überzeugend zu veranschaulichen.
Bd. 41, 2000, 168 S., 17,90 €, br., ISBN 3-8258-4632-6

Andrea Zielinski
Die anderen Juden
Identitätenbildungen von Menschen jüdischer Herkunft im Nachkriegsdeutschland
Warum kann man hier in Deutschland zwar „halbjüdisch", nicht jedoch „halbchristlich" sein?
Die vorliegende Arbeit beschäftigt sich mit uns Deutschen in Deutschland. Es geht um Einzelne und Personengruppen, die über Jahrzehnte hinweg stabile Vorstellungen über „Judentum", „Christentum", „Jüdischsein", „Christlichsein", „Nation", „Volk" und „Blutszugehörigkeit" leben.
Das Buch ist ein Beitrag zu Ethnizitätsforschung und Ethnohistorie.
Bd. 42, 2002, 328 S., 20,90 €, br., ISBN 3-8258-4870-1

Sonja Steffek
Schwarze Männer – Weiße Frauen
Ethnologische Untersuchungen zur Wahrnehmung des Fremden in den Beziehungen zwischen afrikanischen Männern und österreichischen Frauen
"Es ist die jeweilige personale und soziale Identität, die erst die Fremdartigkeit des Anderen hervorruft" (Ortfried Schäffter, Das Fremde).
Auf der Grundlage mehrerer Interviews und Gespräche mit Österreicherinnen und Afrikanern untersucht diese Arbeit den dialektischen Prozeß der Wahrnehmung des "Fremden" und des "Eigenen". Welche Vorstellungen dabei seitens der Österreicherinnen wirksam, wie sie im Verlauf der Beziehung verändert oder reproduziert werden und wo ihre historischen und alltäglichen Ursachen liegen, bildet dabei ebenso einen Themenschwerpunkt, wie die Wahrnehmung durch das soziale Umfeld des Paares.
Bd. 43, 2000, 224 S., 20,90 €, br., ISBN 3-8258-4771-3

Dorle Dracklé (Hg.)
Bilder vom Tod
Kulturwissenschaftliche Perspektiven
Kulturwissenschaftliche Studien zum Thema umfassen die ganze Spannbreite menschlicher Auseinandersetzung mit dem Sterben, mit Tod und Trauer, und hierzu gehört freilich auch die wissenschaftliche Perspektive selbst. Wir Kulturwissenschaftler beschäftigen uns ebenfalls mit den Ängsten vor Tod und Sterben und mit unseren Versuchen, eine Haltung gegenüber dem unausweichlichen Schicksal einzunehmen. Wir untersuchen die Bilder vom Tod, die sich Menschen zu allen Zeiten und in allen Kulturen vom Tod gemacht haben und machen. Wir betrachten sie als Phänomene, die eine intensive Auseinandersetzung mit dem Tod darstellen, auf bildlicher, akustischer, emotionaler und virtueller Ebene. Es ist der Versuch, dieses Phänomen in seiner ganzen emotionalen Tiefe zu verstehen und zu beschreiben, es ist der Versuch, das Unausweichliche zu interpretieren und Todesvorstellungen und Jenseitserwartungen in verschiedenen Kulturen der Welt miteinander zu vergleichen. Aus diesen Fragestellungen kristallisieren sich zwei Kernfragen heraus: Wie gehen wir in unserer Kultur mit dem Thema Tod um? Und: Wie zeigen uns Bilder vom Tod eine umfassende Sicht auf Kultur, auf das Leben? Die in diesem Sammelband versammelten Autoren verschiedener kulturwissenschaftlicher Fächer bringen ihre jeweiligen Perspektiven in das allgemeine Gespräch über den Tod ein und nähern sich entsprechend ihrer eigenen Fachtraditionen den entworfenen Fragen. Wir werden gewahr, daß wir den Tod mit der Art und Weise verknüpfen, mit der wir die Welt betrachten.
Inhalt:
In Memoriam: Der Tod als Sicht auf das Leben, Dorle Dracklé; *Heidegger und die Eigentlichkeit des Todes*, Dorothea Frede; *Der Tod eines Feldherrn – über Judith und Holofernes in der bildenden Kunst*, Bettina Uppenkamp; *Physiognomie des Todes – Über Totenabbildungen*, Susanne Regener; *Zwischen Naturästhetik und Technokratie – Zur Sozialgeschichte von Friedhöfen und Krematorien in der Moderne*, Norbert Fischer; *Orte der Erinnerung – Friedhöfe im Alentejo*, Dorle Dracklé; *Untote – Ethnologische Annäherungsversuche an ein Paradoxon*, Peter Bräunlein; *Hat die Hölle einen Schornstein – Aztekische und christliche Jenseitsvorstellungen*, Claudine Hartau; *Tod im antiken Rom*, Henner von Hesberg; *Das Mysterium des Todes*, Vladimir Karbusicky; *De morte transire ad vitam? – Das musikalische Requiem zwischen Fürbitte und Anklage*, Wolfgang Marx
Bd. 44, 2001, 216 S., 15,90 €, br., ISBN 3-8258-3895-1

Claudia Seele-Nyima
Tibetische Frauen zwischen Tradition und Innovation
Eine Untersuchung zum soziokulturellen Wandel im indischen Exil
Vier Jahrzehnte indisches Exil: Für die Tibeterinnen und Tibeter bedeutete dies den Sprung von einer abgeschotteten Ackerbau- und Nomadengesellschaft zu einer multikulturellen Gesellschaft, in der Tradition und (Post-)moderne, Globales und Lokales nebeneinander bestehen. Wie dieses Spannungsverhältnis von Traditionalismus und Innovation, nationaler Abgrenzung und Annahme moderner, meist als westlich geltender Elemente auf die Tibeterinnen speziell im Hinblick auf ihre

Situation als Frauen und Exilantinnen auswirkt, wird im Kontext ihrer Geschichte und heutigen Lebensrealität erhellt.
Bd. 45, 2001, 424 S., 30,90 €, br., ISBN 3-8258-5388-8

Frank Garbers
Geschichte, Identität und Gemeinschaft im Rückkehrprozeß guatemaltekischer Kriegsflüchtlinge
Die Eskalation der Gewalt im Guatemala der frühen 1980er Jahre führte zu einer Beschleunigung der sozialen Desintegration. Insbesondere die indianische Bevölkerung war von Repression und Vertreibung betroffen. Dem selbstorganisierten Rückkehrprozeß der guatemaltekischen Kriegsflüchtlinge kam somit eine besondere Bedeutung zu: Nach den Erfahrungen im mexikanischen Exil war der Aufbau von neuen Gemeinschaften ein Schritt hin zur dauerhaften Überwindung der Kriegsfolgen. Der sozialen, ökonomischen und kulturellen "Entwurzelung" durch den Krieg setzen die Rückkehrer eine neue Form der "Verwurzelung" entgegen.
Die Arbeit von Frank Garbers stellt diesen aktiven Prozeß der Geschichtsdeutung, Identitäts- und Gemeinschaftsbildung in den Mittelpunkt.
Bd. 46, 2002, 344 S., 25,90 €, br., ISBN 3-8258-5606-2

Carolin Kollewe
Die Neue Nation
Diskursstrategien der indianischen Befreiungsbewegung EZLN in Mexiko
Seit ihrem Aufstand 1994 in Chiapas fordert die Zapatistische Befreiungsarmee (EZLN) die Schaffung einer "neuen Nation". Die Autorin untersucht anhand der Kommuniqués der wohl bekanntesten Befreiungsbewegung unserer Zeit, wie diese sich eine multikulturelle Nation und die Integration der indigenen Bevölkerung in Mexiko vorstellt.
Subcomandate Marcos deutet in seinen Schriften nationale Symbole wie Flagge, Sprache und den Revolutionshelden Zapata strategisch um und knüpft dabei geschickt an den mexikanischen Nationalismus an.
Die Entstehungsgeschichte der EZLN und die Darstellung des Ideals der *"mexicanidad"* bilden mit der Diskussion unterschiedlicher Nationalismustheorien den Kontext für die Analyse dieses Spiels mit Symbolen und Geschichte.
Bd. 47, 2002, 168 S., 15,90 €, br., ISBN 3-8258-5733-6

Helga Unger-Heitsch
Das Fremde verstehen
Ethnopädagogik als konkrete Hilfe in Schule und Gesellschaft. Grundlagen und Beispiele
Kein Mitglied der zusammenrückenden Welt kann es sich leisten, ausschließlich seine Herkunftskultur, -sprache oder nationalen Rechte zu betrachten. Aus diesem Grunde muss mehr als bisher Sensibilisierung und Verständnis für andere kulturelle Werte und Hintergründe vermittelt werden. In diesem Band arbeiten deshalb Ethnologie/Völkerkunde, Psychologie und Pädagogik Hand in Hand, um Studenten dieser Fächer, Multiplikatoren in den Praxisfeldern interkultureller Jugendarbeit oder den interessierten Laien auf den Stand der Theoriediskussion zum Thema Fremdverstehen zu begleiten. Der Band stellt auch die praktische Arbeit der Arbeitsgemeinschaft Ethnopädagogik in der Deutschen Gesellschaft für Völkerkunde vor.
Er bietet: Konzepte und geschichtliche Hintergründe zum Phänomen Migration, interkulturelle Erziehung sowie gesellschaftliche Relevanz der Ethnologie; Unterrichtsbeispiele für Kinder und Jugendliche; Materialien: Eine Bauanleitung für ein afrikanisches Musikinstrument und ein Würfelspiel zum interreligiösen Dialog in Nahost; Literaturhinweise zum Thema Fremdverstehen; Adressen wichtiger Einrichtungen der Ethnopädagogik
Bd. 48, 2001, 280 S., 20,90 €, br., ISBN 3-8258-5773-5

Wendelin Schmidt
Fernhandel, Arbeitsmigration und Minoritätenbildung
Urbane Zentren in Ghana
Die Untersuchung verbindet theoretische Ansätze der Ethnizitäts- und Fremdheitsforschung mit historisch-ethnologischen Fallstudien.
Im Rückgriff auf Simmel, Skinner u. a. wird einführend die Denkfigur des *Fremden* diskutiert.
In der Auseinandersetzung mit Barth und Cohen entwickelt der Verfasser einen pluralen *Ethnizitätsbegriff*, der sich pragmatisch an den jeweiligen Strategien der Abgrenzung und Bildung von Zugehörigkeiten orientiert.
In diesen Theorierahmen stellt der Verfasser die Geschichte der Migrationsbewegungen aus Ländern Westafrikas in die Region des heutigen Ghana vom 15. bis zum 20. Jahrhundert. Im Mittelpunkt stehen Fallstudien zu vier Migrantengruppen: *Hausa*, *Yoruba* und *FraFra*.
Bd. 49, 2002, 128 S., 15,90 €, br., ISBN 3-8258-5870-7

Eliane Fernandes Ferreira
Indigene Ethnien Brasiliens
Ihr Kampf um Land, Recht, soziale Anerkennung und ihr ethnisches Selbstwertgefühl.
Eine Untersuchung zur aktuellen Lage der Indigenen Brasiliens
Insgesamt wurden in Brasilien circa 700 Ethnien beim Kolonisierungsprozess durch die Europäer ausgerottet. Millionen von Menschenleben wurden vernichtet und mit ihnen verschwanden auch unzählige kulturelle Reichtümer. Nach 500 Jahren Überlebenskampf erheben sich die Indigenen nun mit umso größerer Kraft gegen alle

LIT Verlag Münster – Hamburg – Berlin – London
Grevener Str. 179 48159 Münster
Tel.: 0251 – 23 50 91 – Fax: 0251 – 23 19 72
e-Mail: vertrieb@lit-verlag.de – http://www.lit-verlag.de

Preise: unv. PE

Integrationszwänge sowie gegen Diskriminierung und Angriffe auf ihre existentiellen Rechte.

„... Es wird gesagt, Brasilien sei entdeckt worden. Brasilien wurde nicht entdeckt, nein, Heiliger Vater, Brasilien wurde überfallen und den Ureinwohnern Brasiliens weggenommen. Das ist die wirkliche Geschichte".
Marçal Tupã'i
Bd. 50, 2002, 232 S., 20,90 €, br., ISBN 3-8258-6101-5

Jürgen Jensen
Afrikaner in Europa/Africans in Europe/Africains en Europe
Eine Bibliographie/A Bibliography/Une Bibliographie
Bd. 51, Herbst 2002, ca. 136 S., ca. 15,90 €, br., ISBN 3-8258-6190-2

Southeast Asian Dynamics
General Editor: Christoph Antweiler (Universität Trier)

Peter J. M. Nas
The Indonesian Town Revisited
The Indonesian Town Revisited reflects the growing interest in new towns and the urban sprawl around Jakarta, the economic crisis and its effects on the construction sector. Further a new direction in research is related to the growing interest in middle range cities. Some well-established topics are also covered, such as kampung improvement, urban conservation and migration.
Bd. 1, Herbst 2002, ca. 440 S., ca. 40,90 €, br., ISBN 3-8258-6038-8

Novara
Beiträge zur Pazifik-Forschung/Contributions to Research on the Pacific
herausgegeben von Hermann Mückler für die Österreichisch-Südpazifische Gesellschaft (OSPG)

Erich Kolig; Hermann Mückler (Eds.)
Politics of Indigeneity in the South Pacific
Recent problems of identity in Oceania
This book contributes to a field of growing interest in socio- political and anthropological circles: indigeneity as a form of selfrepresentation and resistance against existing forms of state dominance. Developments in indigenous minorities over recent decades in the interpretation of their own traditional history as a source of self-confidence form the core of the discussion. Revival of tradition, re-tribalization and the loss of confidence in national governments are causing increasing problems. The South Pacific (including Australia) is on the eve of a new era: the 21stCentury is opening chances to overcome deep-rooted obstacles and prejudices. At the same time, dangers are emerging in societies where democratic values are often interpreted by indigenous groups as foreign influences which should be replaced by traditional modes of representation. With examples drawn from Australia, New Zealand, Fiji and New Caledonia, the book provides a comprehensive overview of a region in transition. Contributors: Michael Goldsmith, Erich Kolig, Jaqueline Leckie, Hai B. Levine, Kenneth Maddock, Hermann Mückler, Marie Pineau-Salaün, Toon van Meijl
Bd. 1, 2002, 192 S., 20,90 €, br., ISBN 3-8258-5915-0

Encounters/Begegnungen
Geschichte und Gegenwart der afrikanisch-europäischen Begegnung/History and Present of the African-European Encounter
herausgegeben von Marianne Bechhaus-Gerst, Reinhard Klein-Arendt und Stefanie Michels (Universität zu Köln)

Marianne Bechhaus-Gerst; Reinhard Klein-Arendt (Hg.)
„Wer hat Angst vorm Schwarzen Mann?"
Afrika in der populären Kultur des 19. und 20. Jahrhunderts
Bd. 1, Herbst 2002, ca. 208 S., ca. 20,90 €, br., ISBN 3-8258-6170-8

Begegnungen
Autobiographische Beiträge zu interkulturellen Kontakten
herausgegeben von Prof. Dr. Jürgen Jensen (Universität Hamburg)

Maria Blechmann-Antweiler
Ohne uns geht es nicht
Ein Jahr bei Frauen in Indonesien
Dieses Buch ist das Ergebnis eines ungewöhnlichen Abenteuers. Maria Blechmann-Antweiler erfüllte sich einen Traum: sie lebte ein Jahr lang mit ihrem Mann und ihrem Baby, fern von zu Hause, auf einer Insel im Pazifik, auf Sulawesi in Indonesien. Wo Fernreisende nur ein paar Tage verweilen, tauchte sie im Alltag einer einheimischen kinderreichen Familie ein. Ein einfühlsamer ethnologischer Bericht über die Warmherzigkeit der Menschen, ihre Gastfreundschaft und Anteilnahme, und über die Härte der Natur, die Äquator-Hitze rund um die Uhr und

LIT Verlag Münster – Hamburg – Berlin – London
Grevener Str. 179 48159 Münster
Tel.: 0251 – 23 50 91 – Fax: 0251 – 23 19 72
e-Mail: vertrieb@lit-verlag.de – http://www.lit-verlag.de
Preise: unv. PE

den tropischen Regen. Wie sind die faszinierenden Verwirrungen interkulturellen Umgangs zu entschlüsseln? Was verstehen die Indonesier unter Pünktlichkeit, unter Wahrheit und Freundschaft? Was denken sie von uns "Weißen"?
Bd. 1, 2001, 208 S., 15,90 €, br., ISBN 3-8258-5645-3

ASA-Studien
Arbeits- und Studienaufenthalte in Afrika, Asien und Lateinamerika
herausgegeben von Dr. Peter Müller-Rockstroh
(ASA-Programm der Carl Duisberg Gesellschaft e. V.)

Denis Dressel; Jochen Neumann
Der lange Weg zum Frieden
Konstruktive Konfliktbearbeitung in Südafrika
Die politische Vorherrschaft der weißen Minderheit in Südafrika ist seit Mitte der 90er Jahre gebrochen. Der Weg zu einer gerechteren Gesellschaft mit gleichen Chancen, vor dem Hintergrund von fortbestehendem Rassismus und krassen Gegensätzen von Arm und Reich, ist jedoch noch lang. Im Spannungsfeld gesellschaftlicher Transformation zeigen sich vielfältige Konflikte, die nur in einem umfassenden und langfristig angelegten innergesellschaftlichen Friedensprozess bearbeitet werden können.
Denis Dressel und Jochen Neumann, Stipendiaten des ASA-Programms im Jahre 1997 in Südafrika, gehen in dieser Studie auf die aktuelle Bedeutung des Konfliktbegriffs und die Verfahren der Konfliktbearbeitung ein, die in Südafrika von vielen gesellschaftlichen Akteuren entwickelt und in der Wahrheits- und Versöhnungskommission, in Jugendarbeit und Schule sowie auf der kommunalen Ebene erprobt worden sind. Eine Fallstudie beleuchtet die Arbeit des "Centre for Conflict Resolution". Sie macht deutlich, dass Übereinkünfte auf nationaler Ebene den direkt und vor Ort Beteiligten oftmals nicht ohne weiteres zu vermitteln sind; gerade die direkt von Konflikten betroffenen Menschen müssen Versöhnung und den Willen zur Zusammenarbeit in ihrem Alltag, im lokalen Umfeld, entwickeln können.
Bd. 33, 2001, 184 S., 15,90 €, br., ISBN 3-8258-4655-5

Gabriele Kruk
Frauen in Ghana
Alltägliche Handlungsräume zwischen Modernisierung und Marginalisierung
Bd. 34, 2000, 256 S., 20,90 €, br., ISBN 3-8258-4656-3

Denis Dressel; Jochen Neumann
The Long Road to Peace
Constructive Conflict Transformation in South Africa
Bd. 35, 2001, 168 S., 15,90 €, br., ISBN 3-8258-4663-6

Studien zur Ethnopsychologie und Ethnopsychoanalyse
herausgegeben von Werner Egli, Gerhard Kubik, Maya Nadig, Johannes Reichmayr und Vera Saller

Werner Egli; Vera Saller; David Signer (Hg.)
Neuere Entwicklungen der Ethnopsychoanalyse
Beiträge zu einer Tagung im Dezember 2001 in Zürich
Bd. 1, 2002, 208 S., 20,90 €, br., ISBN 3-8258-6070-1

Gerhard Kubik
Totemismus
Ethnopsychologische Forschungsmaterialien und Interpretationen aus Ost- und Zentralafrika, 1962 – 2002
Bd. 2, Herbst 2002, ca. 160 S., ca. 20,90 €, br., ISBN 3-8258-6023-x

Gerhard Kubik
Zur ontogenetischen Basis der Inzestscheu
Ein kulturvergleichender Ansatz
Bd. 3, Herbst 2002, ca. 120 S., ca. 15,90 €, br., ISBN 3-8258-6024-8

Jahrbuch des Museums für Völkerkunde zu Leipzig
herausgegeben von der Direktion
Redaktion: Rolf Krusche

Jahrbuch des Museums für Völkerkunde zu Leipzig 1992
Bd. 39, 1992, 300 S., 17,90 €, br., ISBN 3-88660-818-2

Jahrbuch des Museums für Völkerkunde zu Leipzig 1993
Bd. 40, 1995, 300 S., 17,90 €, br., ISBN 3-8258-2484-5

Jahrbuch des Museums für Völkerkunde zu Leipzig 1994
Bd. 41, 1998, 478 S., 17,90 €, br., ISBN 3-8258-3432-8

LIT Verlag Münster – Hamburg – Berlin – London
Grevener Str. 179 48159 Münster
Tel.: 0251 – 23 50 91 – Fax: 0251 – 23 19 72
e-Mail: vertrieb@lit-verlag.de – http://www.lit-verlag.de
Preise: unv. PE